Umweltfreunde 4

Frau Simon
zur freundlichen Erinnerung von der Herausgeberin und Autorin
Dr. Inge Koch 2015

Ein Sachbuch
für die Grundschule

Herausgegeben von
Inge Koch

Erarbeitet von
Silvia Ehrich
Inge Koch
Christine Köller
Rolf Leimbach
Gerhild Schenk
unter Mitarbeit der Redaktion

VOLK UND WISSEN

Umweltfreunde 4

Herausgegeben von
Inge Koch

Erarbeitet von
Silvia Ehrich, Inge Koch, Christine Köller, Rolf Leimbach,
Gerhild Schenk unter Mitarbeit der Redaktion

Unter Einbeziehung der Ausgabe von
Heike Dietrich, Hannes Hüttner, Inge Koch, Rolf Leimbach,
Jürgen Liepe, Gerhild Schenk, Diana Voß

Redaktion: Britta Frosina, Christa Krauthakel, Barbara Bütow
Bildrecherche (Foto): Janin Hacker, Peter Hartmann
Illustrationen: Uta Bettzieche (Detektiv und Hund, Kapitelvignetten), Gabriele Heinisch (8/2, 9, 11, 38/1, 63/2, 88/10–11, 89/3, 94, 106/12–16, 106/12–18, 116), Katharina Knebel (6, 7, 8/1, 10, 12, 14–15, 22, 25/12, 28–30, 32–33, 36, 48–49, 51–52, 54–59, 62/4, 66–67, 88/1–5, 89/1–2, 101, 108–109), Christiane Mitzkus (67/1), Tanja Székessy (5), Karl-Heinz Wieland (16–17, 19, 21/1–2, 23, 25/11, 26, 39, 40, 42–43, 44/1, 74/6–11, 88/6–9, 90–91, 96–99, 104–105, 110, 120–123), Hans Wunderlich (18/1, 20, 25/1–10, 38/2, 41, 44/2, 60–61, 62/1–3, 63/1, 73, 74/1–5, 81, 83–85, 93, 106/1–11, 107/1–11, 111–114, 124–126, 127/2) sowie Viola Beyer (21/3/5), Cornelsen Verlagsarchiv (8/3, 21/6, 117, 127/1), Sandra Menke (80), Steffen Walentowitz (21/4, 24, 118)
Umschlaggestaltung: tritopp, Berlin; Katharina Knebel (Illustration),
Uta Bettzieche (Detektiv und Hund)
Layout und technische Umsetzung: tritopp, Uwe Becker, Berlin

www.vwv.de

1. Auflage, 1. Druck 2011

Druck: CS-Druck CornelsenStürtz, Berlin

ISBN 978-3-06-082370-3

Inhalt gedruckt auf säurefreiem Papier aus nachhaltiger Forstwirtschaft.

Inhalt

Freundeseite

In der Schule

Wie kann ich in der Schule mitentscheiden?
Wobei helfen Streitschlichter?
Können alle Kinder in der Welt so lernen wie wir?

„Top-Schule“! – Aber wie?

Zum Beginn des Schuljahres klebt eine weiße Tapete an der Wand im Schulflur. Hat ein Maler in den Ferien hier Unfug getrieben? Hat er in eine falsche Richtung tapeziert? „Nein, nein“, erklärt die Schulleiterin lächelnd, „hier ist Platz, um in den ersten Schulwochen Ideen für unser Schulleben zu sammeln. Jeder kann dazu schreiben, malen oder etwas aufkleben.“
Sie schreibt eine Frage auf die Tapete.
Und so sieht die Wandzeitung nach zwei Schulwochen aus:

Sich an demokratischen Entscheidungen in der Schule beteiligen;
in verschiedenen Gremien mitwirken

Reicht die Wandzeitung für die Vorschläge nicht aus, können bunt bemalte Kartons oder Körbe auf dem Schulflur stehen, als schöne Briefkästen für gute Ideen.

1 Sammelt auf der Klassenratssitzung Vorschläge zum Thema: Wie wird unsere Schule eine „Top-Schule"?

2 Besprecht ein Vorhaben, das ihr in diesem Schuljahr gemeinsam verwirklichen wollt.

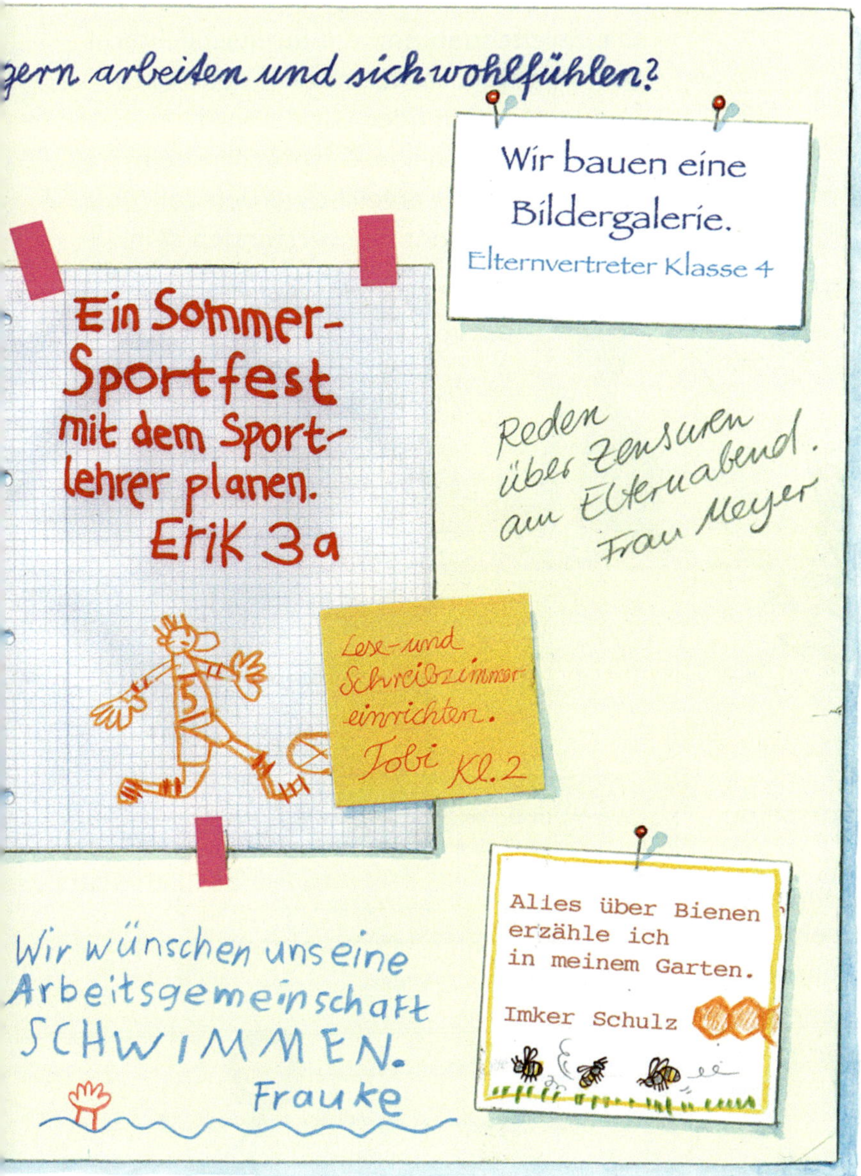

Ein Vorhaben planen

- Was nehmen wir uns vor?
- Welche Teilziele stellen wir uns?
- Was ist zu tun?
- Wer macht mit?
- Wen bitten wir um Hilfe?
- Welches Material brauchen wir?
- Bis wann muss etwas fertig sein?

Im Schülerparlament tragen Kinder, Eltern, Lehrerinnen, Lehrer und Schulpartner Ideen, Anliegen und Wünsche vor, um die Schule mitzugestalten.
Hier wird diskutiert und über alle Vorhaben demokratisch abgestimmt.

★ Stellt euer Vorhaben im Schülerparlament oder im Schülerrat vor.

Zeit planen, koordinieren und sinnvoll nutzen:
Wandertage, Klassenfahrten, Feste …

Streitschlichter im Einsatz

Unter Kindern kommt es manchmal zum Streit. Meist fühlt man sich danach gar nicht gut und möchte sich am liebsten so schnell wie möglich wieder vertragen.

Was aber tun, wenn man Angst hat, auf den anderen zuzugehen? In diesem Fall hilft ein Streitschlichter.

Nach einem Streit

1. Die Streitschlichtung eröffnen
Die Streitenden und die Streitschlichterin treffen sich gemeinsam an einem Tisch und stellen einander vor. Es wird besprochen, welche Gesprächsregeln gelten und was erreicht werden soll. Alle müssen damit einverstanden sein.

5. Einen Vertrag abschließen
Sind alle mit dem Lösungsvorschlag einverstanden, wird dieser in einem Vertrag festgehalten. Diesen Vertrag unterschreiben alle Teilnehmer der Streitschlichtung. Am Ende wird ein neues Treffen vereinbart. Dort wird überprüft, ob alle die Vereinbarungen eingehalten haben.

S. 16

Rollenspiel: Einen Streit schlichten

1 Macht euch mit der Streitschlichtung vertraut. Arbeitet dann in Gruppen wie im Wegweiser.

- Wählt einen Streit aus, der in eurer Klasse passiert ist.
- Spielt die Streitschlichtung:
  - Benennt Streitschlichter und Beteiligte.
  - Findet Gesprächsregeln.
  - Schreibt abschließend den Streitschlichtervertrag auf ein Blatt.

2. Die Probleme benennen

Die Streitschlichterin hört sich nacheinander die Probleme der Beteiligten an.
Wichtige Punkte werden notiert und anschließend noch einmal vorgetragen.
Die Streitschlichterin gibt keine Ratschläge.

3. Offene Fragen klären

Nun stellt die Streitschlichterin Fragen.
So finden alle heraus, warum es zum Streit kam und wie sich die „Streithähne“ jetzt fühlen.
Die Streitenden versuchen, sich in den anderen hineinzuversetzen.

4. Eine Problemlösung finden

Die beteiligten „Streithähne“ finden allmählich eine Lösung.
Ihre Lösungsvorschläge werden gemeinsam diskutiert.
Die Lösung muss erfüllbar sein.
Niemand darf benachteiligt werden.

S. 16

Lernen ist ein Kinderrecht

Die Rechte der Kinder in der Welt sind in der Kinderrechtskonvention der Vereinten Nationen aufgeschrieben, zum Beispiel:

Recht auf: Bildung | freie Meinungsäußerung | Spiel und Freizeit | Gleichheit Gesundheit | gewaltfreie Erziehung | Schutz vor Misshandlung

Pablo interessiert sich besonders dafür, wie das Recht auf Bildung in der Welt verwirklicht wird. Er informiert sich darüber im Internet, präsentiert seine Ergebnisse und zeigt Fotos.

Lernen ist ein Kinderrecht

EUROPA

Die meisten Kinder dürfen nicht nur, sondern müssen sogar zur Schule gehen.

Land	Schulpflicht
Deutschland	9 Jahre
Österreich	9 Jahre
Ungarn	10 Jahre
Spanien	10 Jahre
England	9 Jahre

Russland: 9 Jahre

AUSTRALIEN

Obwohl in Australien viele Kinder keine Schule erreichen können, ist das Recht auf Bildung verwirklicht. Viele Schüler lernen per Funkgerät und Internet.

AFRIKA

In einigen Ländern gibt es eine Schulpflicht. Oft besuchen aber nur Kinder aus reichen Familien die Schule, denn das Schulgeld ist teuer. Viele Kinder helfen auch den Eltern, die Familie zu ernähren, und gehen deshalb nicht täglich zur Schule.
Oft fehlen in den Schulen wichtige Schulmaterialien. Kriege haben dazu geführt, dass Schulen auch zerstört wurden.

ASIEN

In Asien ist das Recht auf Bildung sehr unterschiedlich verwirklicht.
In Indien kann fast die Hälfte aller Menschen nicht lesen und nicht schreiben. In China legt man großen Wert auf eine gute Bildung für alle Kinder und Erwachsenen.

In Vietnam gehen die Kinder 9 Jahre zur Schule.

1 Vergleicht, was ihr von Pablo über das Recht auf Bildung auf den verschiedenen Kontinenten erfahren habt. Informiert euch noch weiter über Schulen in der Welt.

AH S. 2
S. 4

Ich will mitentscheiden – das Schülerparlament

Im Schulalltag habt ihr Pflichten, aber auch das Recht auf Mitsprache.
Ihr könnt zum Beispiel eure Rechte im Schülerparlament vertreten.
Wie es sich aufbaut und welche Aufgaben es hat, legt ihr in eurer Schule fest.

Schülerparlament/Schülerrat

Abgeordnete
Ihr wählt in den Klassen eure Klassensprecher, sie sind eure Abgeordneten. Die Abgeordneten aller Klassen bilden das Schülerparlament. Dort vertreten sie eure Rechte.

Präsident
Die Abgeordneten wählen aus ihrer Mitte für ein Jahr eine Präsidentin oder einen Präsidenten. Sie/Er leitet die Beratungen des Parlaments und trägt eure Anliegen den Eltern und Lehrkräften vor.

Begleitung
Alle Kinder der Schule wählen eine Lehrerin oder einen Lehrer des Vertrauens. Sie oder er betreut euer Schülerparlament. Ihr könnt in einer „geheimen Wahl“ mit Zetteln abstimmen.

Aufgaben:
- sich an allen Entscheidungen beteiligen, die die Schule betreffen
- sich regelmäßig treffen; alles besprechen, was die Klassen und ihre Abgeordneten als wichtig für die Schule ansehen
- Schulprojekte entwickeln und durchführen …

1 Um solche Aufgaben kann sich das Schülerparlament kümmern. Welche Aufgaben könntet ihr euch für eure Schule vorstellen?

Wie gut ist meine Präsentation gelungen?

Zu jeder Präsentation gehört eine Nachbesprechung:
- Was ist gut gelungen?
- Was muss noch verbessert werden?

Vor jeder Präsentation solltet ihr festlegen, nach welchen Merkmalen ihr die Präsentationen bewerten wollt. Stellt am besten eine Tabelle zusammen und listet darin eure Vorschläge zur Bewertung auf. So weiß jeder, worauf besonders zu achten ist.

1 Lest den Bewertungsbogen. Ergänzt noch Merkmale.

Thema: Sind Eisbären vom Aussterben bedroht?

Bewertungsbogen: Leon

Das wird zum Vortrag bewertet	*So wird bewertet*		
	gut gelungen	*zum Teil gelungen*	*nicht gut gelungen*
Wurden Schwerpunkte dargestellt?			
Hat der Redner das Interesse der Zuhörer/Zuschauer geweckt?			
Wurden passende Medien eingesetzt?			
Konnten alle Zuhörer/Zuschauer ...			
...			

Das ist gut gelungen.

Das ist zum Teil gelungen.

Das ist nicht gut gelungen.

Ergebnisse anschaulich präsentieren, diese bewerten, dazu Beurteilungskriterien entwickeln; eigene Stärken und Schwächen sowie die der Anderen einschätzen lernen

Im Herbst

Was können wir im Wald entdecken?
Welche Pflanzen und Tiere leben im Wald?
Warum müssen Wälder geschützt werden?

Unsere Waldexkursion

Auf einer Exkursion in den Lebensraum Wald könnt ihr erforschen, wie hier zahlreiche Pflanzen und Tiere zusammenleben und wie gut sie an das Leben im Wald angepasst sind.
Notiert vor eurer Exkursion für jede Gruppe genaue Forscheraufträge.
Legt das Arbeitsmaterial bereit. Besprecht auch den Wege- und Zeitplan.

Entdeckungen

Überall im Wald riecht es anders: nach Erde, Rinde, Fichtennadeln, Laubblättern, nach dem Harz der Bäume, nach Moos, Waldfrüchten …
Ihr könnt Material sammeln und ein Geruchsmemory anlegen.
Wer riecht was mit verbundenen Augen?

Was entdeckt ihr unter raschelndem Laub?
Hier liegen Eicheln versteckt.
Wenn Rehe, Wildschweine, Eichelhäher und andere Tiere sie nicht fressen, können sie im nächsten Frühjahr keimen und wachsen.

Wenn ihr mit den Händen die Rinde der Bäume berührt, dann merkt ihr: Jeder Baum hat eine andere Rinde.
Die Rinde ist wie der Fingerabdruck des Menschen.
Keine gleicht der anderen.
Das seht ihr auch, wenn ihr mit Papier und Kreide Rindenabdrücke macht.

Lebensbedingungen von Pflanzen und Tieren und ihre wechselseitige Abhängigkeit in einem Biotop untersuchen und dokumentieren
S. 2

Auch wenn ihr diesen Vogel nicht seht, sein „Trommeln“ schallt durch den Wald. Andere Buntspechte wissen dann: Dieses Revier ist besetzt. In der Balzzeit ab Dezember trommeln Männchen besonders viel, um Weibchen anzulocken. Und die Weibchen trommeln, um im Revier eines Männchens auf sich aufmerksam zu machen.

Große und kleine Tiere, wie Hirsch und Schnecke, fressen gern Birkenpilze. Die Pilze leben in Gemeinschaft mit Birken. Das Pilzgeflecht umspinnt die feinen Baumwurzeln. Dadurch kann der Baum Wasser und Nährstoffe besser aufnehmen. Pilze nehmen sich vom Baum lebenswichtige Aufbaustoffe.

n Wald

Dies ist mehr als nur totes Holz. Denn in und von diesen Baumresten leben Ameisen, Wespen, Bienen, Schmetterlinge, Vögel, Kröten, Eidechsen, Schlangen und kleine Säugetiere. Pilze, Flechten und Moose, die sich auf dem Totholz ansiedeln, sind für viele Tiere Leckerbissen.

Am Waldrand wachsen Holundersträucher. Die Früchte stimmen auf den Herbst ein. Ihr könnt die Früchte verarbeiten und natürlich auch naschen: Holundersaft, Holundermarmelade, Hollerkoch, das ist Holundermus. Auch viele Tiere ernähren sich von diesen schwarzen Früchten.

Der Wald als Lebensraum

Stockwerke im Mischwald

A **Baumschicht:** hohe und mittelhohe Bäume, etwa 2–40 m hoch

B **Strauchschicht:** junge Bäume und Sträucher, etwa 5 m hoch

C **Krautschicht:** Farne, Gräser und blühende Kräuter; unterschiedlich hoch, bis etwa 1 m

D **Moosschicht:** Moose, Flechten und Pilze, bis etwa 20 cm hoch

E **Bodenschicht:** Wurzeln der Waldpflanzen, Pilzgeflechte

1 Rotbuche
2 Kiefer
3 Eberesche
4 Gemeine Haselnuss
5 Holunder
6 Efeu
7 Wurmfarn
8 Waldsauerklee
9 Steinpilz
10 Waldmeister
11 Katharinenmoos
12 Gewöhnliches Sternmoos
13 Habicht
14 Tagpfauenauge
15 Waldameise
16 Springschwanz

1 Welche Tiere leben in den Stockwerken des Waldes?

★ Tiere des Waldes fressen Pflanzen, aber auch andere Tiere. Alle Pflanzen und Tiere zusammen bilden ein Nahrungsnetz. Erkläre: Wer frisst was?

Im Wald wachsen Bäume, Sträucher, Kräuter, Farne, Pilze, Moose und Flechten. Deshalb sind Wälder für zahlreiche Tierarten ideale Lebensräume.
In den Wipfeln der Bäume nisten viele Vögel und ziehen dort ihre Jungen auf. Auch Eichhörnchen bauen hoch oben ihre Kobel. Unter der Rinde der Bäume leben viele Insekten.
In Sträuchern hängen die Netze von Spinnen, die dort auf Beute lauern.
In den Blüten der Kräuter finden Insekten Nektar. Ihre Blätter sind Nahrung für Raupen. Liegende Stämme und moderndes Holz bieten Eidechsen, Kröten, Blindschleichen und Ringelnattern sonnige Plätze.
Im Waldboden leben viele kleine und winzige Tiere.
Alle Tiere finden ausreichend Nahrung für sich und ihren Nachwuchs.

Pflanzen des Waldes

Berlin ist eine der waldreichsten Großstädte Europas. Die häufigste Baumart in Berlins Wäldern ist die Kiefer. Sie wächst auf trockenen und sandigen Böden.
Häufige Laubbäume in den Wäldern sind Eichen, Birken und Buchen. Außer Bäumen wachsen im Wald weitere Pflanzen, im Nadelwald andere als im Laubwald. Man kann sie an Blättern, Blüten und Früchten erkennen und bestimmen.

Baumarten in Berlins Wäldern

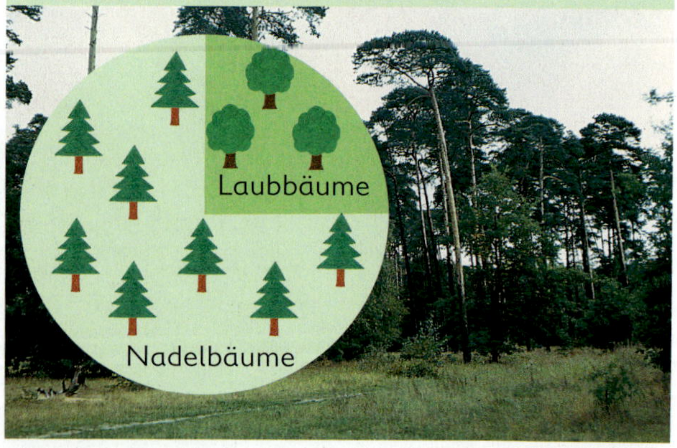

Waldpflanzen bestimmen und vergleichen

Weil Nadelbäume das ganze Jahr über Nadeln tragen und dadurch den Boden beschatten, wachsen im Nadelwald vor allem Schattenpflanzen, wie der Waldsauerklee. Die Pflanze blüht von April bis Ende Juni. Bis zum Herbst sterben die Blätter ab. Im nächsten Frühjahr treiben aus den unterirdischen Teilen wieder Blätter und Blüten aus.

Noch bevor im Buchenwald an den Laubbäumen die Blätter sprießen, erblühen in der Märzsonne die Buschwindröschen. Sie lieben den Sonnenschein. Es sind Lichtpflanzen. Im Herbst sind manchmal noch wenige welke Blätter der Pflanzen zu entdecken. Sie sterben ab und treiben wie beim Waldsauerklee im nächsten Frühjahr wieder aus.

1 Beschreibt die Blätter und Blüten von Waldsauerklee und Buschwindröschen. Vergleicht die Pflanzen.

2 Sammelt einige Pflanzen des Waldes. Naturschutz beachten! Findet ihre Namen heraus. Nutzt Bestimmungsbücher.

Pflanzen bestimmen und nach ausgewählten Merkmalen vergleichen und ordnen;
Entwicklungsbedingungen von Pflanzen in Abhängigkeit vom Standort beschreiben

AH S.4

S. 6, S. 7

Pilze des Waldes

Unter
Birken, Tannen, Buchen
kannst du immer Pilze suchen.
Unter Eschen, Erlen, Linden
wirst du nicht so viele
finden.

In den Wäldern Berlins wachsen viele essbare und wohlschmeckende Pilze.
Sie brauchen wenig Licht und wachsen auch im dunklen Wald. Im Boden befindet sich ihr weit verzweigtes Pilzgeflecht. Am Waldboden ist nur der Pilzkörper zu sehen.

Der Sommer-Steinpilz wächst im Laubwald bei Buchen und Eichen. Sein hellbrauner Hut hat Röhren, der Stiel ist dickbauchig.
Er ist ein schmackhafter Speisepilz.
Vorsicht! Nicht mit dem bitteren, ungenießbaren Gallenröhrling verwechseln!

Der Butterpilz gedeiht nur in der Nähe von Kiefern. Sein hell glänzender bis schokoladenbrauner Hut ist meist schmierig.
Am Stiel hat er einen häutigen weißen Ring. Getrocknete Butterpilze schmecken gut in Soßen.

Der kleine, goldgelbe Pfifferling mit seinem trichterförmigen Hut wächst in Nadel- und Laubwäldern vor allem in der Nähe von Fichten, Kiefern, Eichen, Birken und Rotbuchen.
Er ist wohlschmeckend.

Der Fliegenpilz wächst in dichten und lichten Nadel- und Laubwäldern, besonders gern in der Nähe von Birken.
Sein Hut ist leuchtend rot und hat weiße Tupfen, der Stiel ist weiß.
Er gehört zu den Giftpilzen.

1 Schreibe einen Pilz-Steckbrief.

Ratschläge für Pilzsammler:

Hole dir in Pilzberatungsstellen Rat von Pilzsachverständigen.

Reinige die Pilze sofort nach dem Sammeln. Verarbeite sie frisch.

Wasche dir nach dem Pilzesammeln gründlich die Hände.

Tiere des Waldes

Das Reh ist in Berlin in Mischwäldern mit nahe gelegenen Wiesen und Feldern zu beobachten, zum Beispiel auch im Biotop Wuhletal. Die Tiere finden dort Nahrung, wie Blätter, Knospen und junge Triebe, an Bäumen und Sträuchern. Sie fressen auch Früchte, wie Eicheln oder Bucheckern, und Getreide. Bei Gefahr flüchten Rehe in weiten Sätzen fort, um sich in der Deckung des Waldes zu verstecken. Die Ricke bringt im Mai/Juni ein bis zwei Kitze zur Welt. Durch ihr getüpfeltes Fell sind die Kitze an ihren Liegeplätzen im hohen Gras gut getarnt.

Die Haubenmeise ist ein Höhlenbrüter. Die Vögel meißeln ihre Bruthöhlen in alte, absterbende Kiefern oder vermoderte Baumstrünke hinein und polstern sie mit Moos, Flechten, Tierhaaren und Spinnweben aus. Die Weibchen brüten in diesem Nest fünf bis acht Eier aus. Im Geäst der Bäume findet das Meisenpaar für sich und seine Jungen reichlich Nahrung: winzige Insekten, Spinnen, andere Kleintiere. Im Winter fressen die Haubenmeisen kleine Samen der Waldpflanzen.

Der Kiefernspanner ist ein Schmetterling, der als Futterpflanze Kiefern braucht. Die Falter fliegen von Mai bis Juli. Sie sind an den Bäumen kaum zu entdecken, denn mit ihrer Färbung sind sie gut an die Rinde der Bäume angepasst. Die Weibchen legen ihre Eier an alten Nadeln in der Krone von Kiefern ab. Die schlüpfenden Raupen fressen diese Kiefernnadeln an. Angefressene Nadeln fallen im Winter ab. Oft treten die Raupen massenhaft auf und schädigen dadurch ganze Kiefernwälder.

★ Gestaltet Poster zu Tieren des Waldes. Nutzt auch das Internet.

Tiere des Waldes kennen lernen; Angepasstheit der Tiere an ihren Lebensraum, dessen Bedeutung für Fortpflanzung, Schutz und Ernährung von Tieren beschreiben

AH S. 5–7

S. 12

Ist das ein Keiler oder eine Bache?

Name: Wildschwein, Männchen: Keiler, Weibchen: Bache, Jungtier: Frischling
Aussehen: massiger Körper, kurze Beine, lang gestreckter Kopf mit kleinen Augen, großen aufrechten Ohren und rüsselförmiger Schnauze;
Keiler mit kräftigen Zähnen, besonders große, nach oben gebogene Eckzähne;
Bachen mit kleineren Eckzähnen;
borstiges Fell: im Sommer schwarzbraun, im Winter tiefschwarz;
Jungtiere (Frischlinge) mit gelbbraunen Längsstreifen
Größe: 60–115 cm hoch, 110–180 cm lang
Masse: 50–350 kg
Lebensraum: Laub- und Mischwälder, die an Felder grenzen; auch sumpfige Gebiete und Stadtränder;
Die Tiere suhlen sich gern im Schlamm. Während des Tages verstecken sie sich häufig im schützenden Dickicht.
Nahrung: Allesfresser, sie fressen …

Material:
- Ordner
- Plastikhüllen
- unliniertes Papier (auch farbig)
- Klebstoff
- Stifte, Lineal, Schere

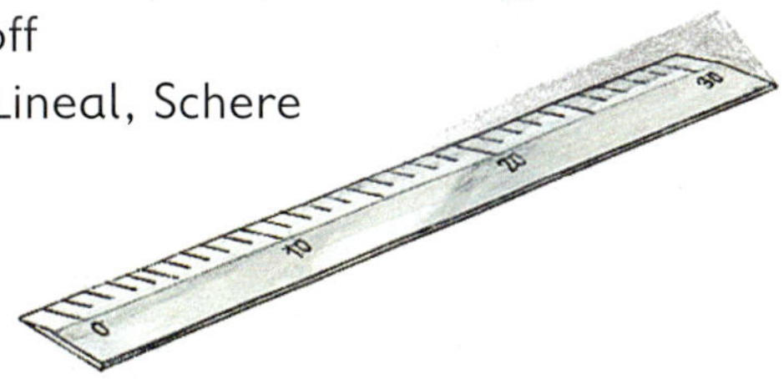

Tier-Steckbriefe gestalten

- Plant, zu welchen Tieren ihr Steckbriefe anfertigen wollt.
- Informiert euch über die Tiere. Beobachtet sie, wenn möglich.
- Notiert Signalwörter für die Texte (Name, Aussehen …).
- Sucht passende Bilder und schreibt Texte.
- Sammelt alles in einem Ordner.

1 Informiere dich über ein Tier des Waldes. Nutze auch das Internet. Schreibe einen Steckbrief.

Den Wald nutzen und bewahren

Wälder sind Erholungsorte.

Im Wald ist es still, nur die Vögel zwitschern. Die Luft ist frisch und kühl. Die Bäume spenden Schatten und liefern viel Sauerstoff. Nahe Fabriken und Städte entschwinden unseren Blicken, der Wald dämmt ihren Lärm. Im Wald können wir wandern, joggen, Rad fahren und reiten.

Wälder liefern wertvollen Rohstoff.

In Wäldern wächst ein wichtiger Rohstoff – Holz. Aber Holz wächst langsam. Ehe ein Baum groß und mächtig ist und abgeholzt werden kann, vergehen Jahrzehnte.

Buche	130–160 Jahre	**Fichte**	80–100 Jahre
Eiche	100–150 Jahre	**Kiefer**	80 Jahre

Die heutigen Wälder haben unsere Ur-Urgroßeltern gepflanzt. Und bereits heute planen Forstwirte für die Zukunft. Wie viel Holz darf eingeschlagen werden? Wie viel Wald müssen wir neu anlegen, damit der Wald auch unseren Enkeln erhalten bleibt?

Fahrzeug für den Abtransport

Bedeutung des Waldes für Menschen und Tiere kennen lernen;
sich mit Gefährdungen eines Biotops auseinander setzen (Abholzen von Bäumen)

S. 12

Sie alle lieben das Sonnendach: der Waldsauerklee, der Efeu, die Waldeidechse, der Eichelhäher.

Wälder sind Lebensräume für Tiere und Pflanzen.

In unseren Wäldern gibt es mehr als 7000 Tierarten und etwa 1200 verschiedene Arten von Bäumen, Sträuchern und Kräutern, dazu viele Pilzarten. Alle sind voneinander abhängig und brauchen Licht, bestimmte Temperaturen, Wasser und Nährstoffe. Starke Luftverschmutzung lässt Wälder absterben.

Wälder liefern uns Nahrungsmittel.

Schon vor langer Zeit sammelten die Menschen in Wäldern Beeren und Pilze. Sie jagten Wild, um sich mit Fleisch sowie Fellen für ihre Kleidung zu versorgen. Auch heute sammeln viele Menschen gern Beeren und Pilze. Jäger dürfen heute Tiere nicht jagen, wenn sie Junge bekommen und aufziehen. Wildhege, auch Füttern oder Abschuss, soll Schäden durch Wildtiere verringern und den Wildbestand gesund halten. Die Vielfalt der Tierarten soll erhalten bleiben.

Wälder schützen vor Lärm.

Waldbäume fangen Schall ab. Schon ein Streifen Wald von 100 m Breite dämmt Lärm wie eine Lärmschutzwand an viel befahrenen Straßen.

Wälder bieten Sichtschutz.

Kronen und Stämme der dicht stehenden Bäume, aber auch die Sträucher und Kräuter in den unteren Stockwerken des Waldes verdecken den Blick auf Straßen oder Siedlungen. So erhalten sie das Landschaftsbild. Das Farbenspiel eines Waldes lockt, den Wald mit allen Sinnen zu erleben.

Wälder schützen die Erde vor starker Erwärmung.

Beim Verbrennen von Kohle, Torf, Erdgas und Erdöl entsteht das Gas Kohlendioxid. Zu viel Kohlendioxid in der Luft erhöht die Temperaturen auf der Erde, mit schweren Folgen: Überschwemmungen, Orkane, Dürren … Bäume nehmen Kohlendioxid aus der Luft auf und bauen daraus ihre lebenswichtigen Stoffe auf. Sie geben dafür Sauerstoff ab, den Menschen und Tiere zum Leben brauchen.

1 Beratet, was passiert, wenn zu viele Wälder abgeholzt werden. Macht euch Notizen.

★ Informiert euch im Internet über die Gefährdung der Regenwälder.

Bedeutung des Waldes für Menschen und Tiere kennen lernen; sich mit Gefährdungen eines Biotops auseinander setzen (Abholzen von Bäumen)

S. 12

Rund um die Kartoffel

Kartoffeln stecken voller Nährstoffe, Vitamine und Mineralien. Sie sind ein wertvolles Lebensmittel. Deshalb solltet ihr euch etwas näher über Kartoffeln informieren:

- Woran sind Kartoffelpflanzen zu erkennen?
- Was essen wir von der Kartoffelpflanze?
- Wie entwickelt sich eine Kartoffelpflanze?
- Was gefährdet die Pflanze?
- Wie unterscheiden sich Kartoffelsorten?

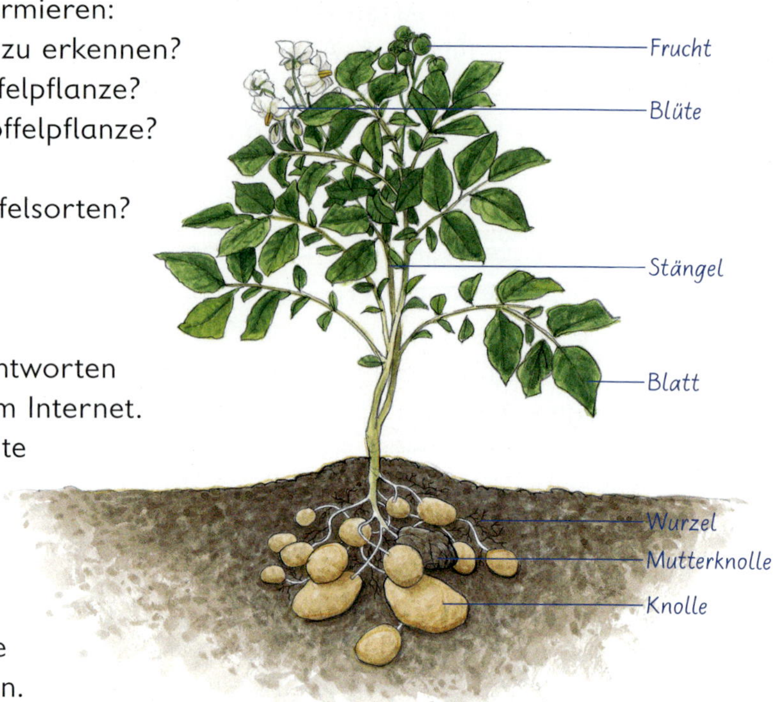

1 Sammelt weitere Fragen rund um die Kartoffel. Legt Kärtchen an. Findet Antworten in Büchern, in Lexika und im Internet. Gestaltet damit die Rückseite eurer Kärtchen.

2 Präsentiert die Ergebnisse eurer Nachforschungen. Bezieht die Bilder und Texte auf den Seiten 24 und 25 ein.

Wir essen die Knollen der Kartoffelpflanze

Eine neue Kartoffelpflanze entwickelt sich aus einer Pflanzkartoffel, die die Landwirte in die Erde legen. Diese „Mutterknolle“ treibt aus und bildet über der Erde Stängel, Laubblätter, Blüten und später auch Früchte. Unterirdisch wachsen am Stängel der Kartoffelpflanze Ausläufer. Sie verdicken sich am Ende und bilden neue Knollen aus. Die Mutterknolle wird trocken und runzlig, wenn sie die in ihr gespeicherten Nährstoffe an die Pflanze gegeben hat.

Verschiedene Sorten

Kartoffelsorten unterscheidet man nach:

- ihrer Reifezeit: frühe, mittelfrühe, späte
- ihren Formen: rund, länglich, nierenförmig
- ihrer Schale: rot, weiß, gelb
- ihrem Fleisch: weiß, gelb, mehlig, speckig.

Pflanzen bestimmen; die Vermehrung der Pflanzen durch Knollen beschreiben und realisieren; Kartoffeln als Lebensmittel nutzen: Welche Kartoffelsorte eignet sich wofür?

AH S. 8

S. 2, S. 4

Kartoffeln aus unserem Schulgarten

Kartoffeln gedeihen am besten in lockerem, sandigem Lehmboden. Sie wachsen gut bei sonnigem, warmem Frühlingswetter, wenn sie während der Knollenbildung gleichmäßig gegossen werden und wenn kurz vor der Ernte die Tage warm und die Nächte kühl sind. Nährstoffarmer Boden muss bis zum Anhäufeln der Kartoffeln gedüngt werden, denn in dieser Zeit braucht die Pflanze besonders viele Nährstoffe.

Ende März

Stellt Kartoffeln an ein helles Fenster und lasst sie vorkeimen.

Mitte April

Pflanzt die Kartoffeln in Reihen. Beachtet die Abstände.

Mai

Haltet den Boden durch Grubbern locker und krümelig.

Juni

Häufelt die Erde um die Kartoffelpflänzchen herum an.

Juli

Jätet ab und zu Unkraut und sammelt Schädlinge ab.

August

Seht öfter nach den Pflanzen. Bald welkt das Kraut.

September

Drei Wochen nach dem Welken könnt ihr die Kartoffeln ernten.

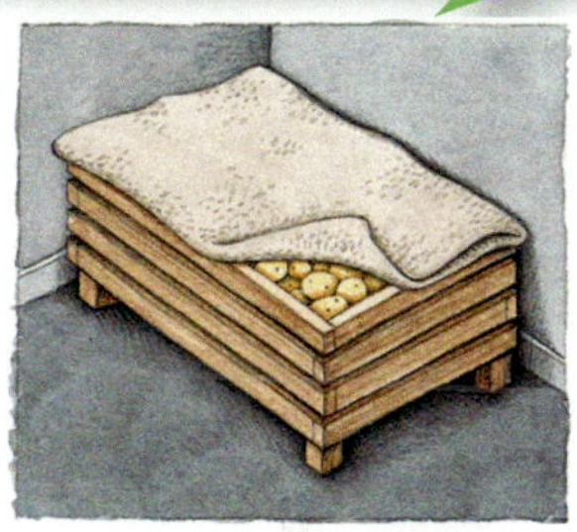

Lagert die Kartoffeln luftig, dunkel, kühl und trocken.

1 Erfindet Experimente. Weist nach, was die Entwicklung und das Wachstum von Kartoffeln hemmt. Protokolliert eure Ergebnisse.

Was Kartoffelpflanzen schädigt

Ein gefräßiger Schädling ist der Kartoffelkäfer. Die Weibchen legen an den Unterseiten der Blätter Eier ab. Die Larven schlüpfen und fressen die Blätter ab. Auch Schnecken mögen die grünen Blätter. Um die Pflanzen zu schützen, muss man Kartoffelkäfer und Schnecken regelmäßig entfernen, durch Absammeln oder mit Pflanzenschutzmitteln. Andere Pflanzen im Kartoffelfeld werden durch Hacken oder Unkrautbekämpfungsmittel beseitigt.

Wir untersuchen und dokumentieren

Mit Stärke speichern Pflanzen Energie als Reserve. Dieser Stoff kann mit einer Iod-Kaliumiodid-Lösung nachgewiesen werden.

Mit Iod-Kaliumiodid-Lösung Stärke nachweisen

Vermutet: Enthalten Kartoffelknollen Stärke?

Ihr braucht: 2 Schüsseln, Reibe, ein Glas, ein Tuch, Küchenkrepp, Flasche mit Iod-Kaliumiodid-Lösung und Pipette (aus der Apotheke), 2 große Kartoffeln

- Sicherheitshinweis: Vorsicht beim Umgang mit Chemikalien! Reste von Chemikalien gehören in den Sondermüll.

Geht so vor:

Schält und reibt die Kartoffeln.

Gebt etwas Wasser in eine Glasschale.

Schlagt die Kartoffelmasse in ein Tuch ein.

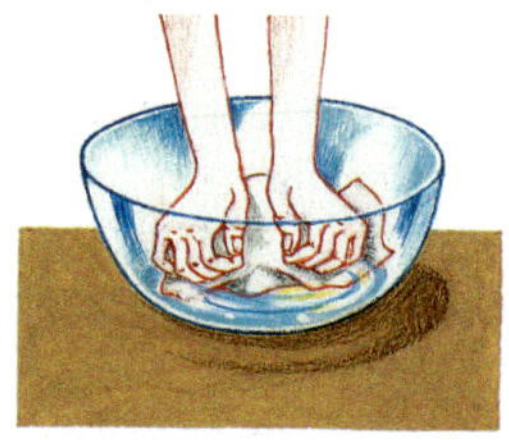
Knetet die Masse im Tuch 3 Minuten.

Lasst das Wasser in der Glasschüssel 30 Minuten stehen.

Gießt nun das Wasser über dem Bodensatz vorsichtig ab.

Trocknet den Bodensatz auf saugfähigem Papier.

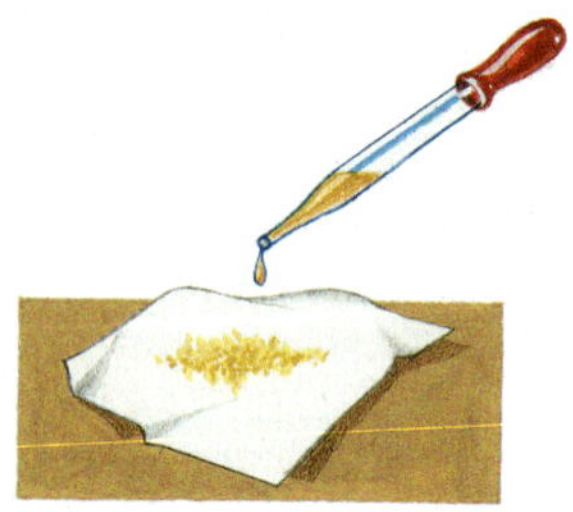
Die Lösung färbt Stärke violett bis tiefblau.

1 Dokumentiert euren Versuch in einer Tabelle.

Mit Iod-Kaliumiodid-Lösung Stärke nachweisen

Vorgänge	Das haben wir gemacht	Das haben wir beobachtet
1	Kartoffeln geschält und gerieben	Die geriebenen Kartoffeln sehen gelblich aus. Flüssigkeit sondert sich ab. Die Masse ist breiig. Nach längerem Stehen wird sie ...

Naturobjekte (Kartoffel ...) untersuchen und Zusammenhänge erkennen (Kartoffeln enthalten Stärke); dazu dokumentieren und sprachlich verständlich formulieren

Miteinander leben

Wie leben Familien miteinander?
Welche Rechte haben Kinder?
Woraus wird Schokolade hergestellt?

Wie Familien zusammenleben

David erzählt: Wir wohnen jetzt mit Oma und Opa zusammen. Opa ist Maurer. Als er arbeitslos wurde, hat er gesagt: „Wenn ich euer Dach ausbaue, können wir die Miete für unsere Wohnung sparen."
Meine Eltern wollten zuerst nicht. Jule und ich fanden die Idee toll, denn wir sollten jeder ein eigenes Zimmer unterm Dach bekommen. Jetzt wohnen wir schon ein Jahr zusammen. Wenn wir von der Schule kommen, ist Opa da. Bald kriegen wir noch einen kleinen Bruder.

Paola erzählt: In den Sommerferien fahre ich zu Oma nach Berlin. Dann hat Oma auch Ferien. Wir gehen ins Kino, ins Naturkundemuseum und ins Spaßbad. Da nehmen wir immer Dilara mit. Sie ist Türkin und wohnt im Nebenhaus.
Ich finde es toll, dass ihre Eltern sagen, Dilara lerne „gutes Deutsch" von mir. Aber ich lerne auch gern von ihr türkische Wörter.
Dilara hat noch zwei Brüder. Sie hat mir auch von ihrer Kusine erzählt. Alisa lebt in der Türkei auf dem Land in einer Großfamilie mit 14 Personen, alle in einem Haus. Da ist bestimmt viel los.
Mama und ich leben nur zu zweit.

Marie erzählt: Wenn Mama Weiterbildung hat, dürfen wir bei Oma und Opa schlafen. Opa Paul erzählt uns oft Geschichten von Seeungeheuern, von riesigen Fischen mit großen Zähnen oder Rittern mit Lanzen und scharfen Schwertern. Oder Geschichten von früher, von seinem Opa Heinrich. Opa Paul fährt mich früh zur Schule und bringt Ammon in den Kindergarten. In seine Werkstatt geht er dann ein bisschen später. Ich habe ihm gezeigt, wie man eine SMS schreibt.

1 Lest die Beispiele und sprecht darüber: Wie ist es bei euch? So wie bei einem dieser Kinder? Oder noch ganz anders? Wer braucht wen? Wer lernt von wem?

Unterschiedliche Lebensweisen als Ausdruck kultureller Vielfalt kennen lernen und als persönliche Bereicherung wahrnehmen

S. 12

Chris erzählt: Meine Urgroßmutter Frieda lebt im Heim. Manchmal besuche ich sie mit Mama. Einmal haben wir alte Bilder angeguckt, von früher. Auf einem Bild sitzt sie mit Mama auf einem Pferd. Urgroßmutter Frieda war eine richtige Reiterin mit Stiefeln und Reiterkappe. Meine Mama hat als kleines Mädchen bei ihr gelebt. Das war, als ihre Mama Lena, Friedas Tochter, lange im Krankenhaus war. Manchmal verwechselt Frieda Namen, dann sagt sie „Lena“ zu Mama oder zu mir.

Alan erzählt: Einmal im Jahr fliegen wir nach Damaskus. Da wohnen meine Großeltern und viele Brüder und Schwestern von Papa. Oma und Opa leben in der Familie von Papas ältestem Bruder. Alle sagen „Mama“ zu Oma und küssen ihr zur Begrüßung die Hände. Wenn Opa ins Zimmer kommt, stehen alle auf, denn er ist der Älteste in der Familie. Und er hat die meiste Erfahrung. Deshalb fragen ihn auch alle um Rat. Onkel Abdul befragte ihn zum Beispiel, als er ein eigenes Geschäft eröffnen wollte.

Je mehr wir voneinander wissen, umso besser können wir uns verstehen.

Fragen	Antworten
Opa, warum sagst du oft zu mir: „Es ist noch kein Meister vom Himmel gefallen.“?	
Oma, feiert Dilaras Familie auch Weihnachten?	
Papa, warum möchtet ihr Urlaub im Ausland machen?	
Mutti, welche fremde Sprache kannst du sprechen?	

2 Vergleicht in der Klasse, was ihr erfahren habt. Nutzt den Wegweiser.

Die Älteren befragen

- Überlege dir Fragen, die du den Älteren in deiner Familie stellen möchtest.
- Schreibe deine Fragen auf.
- Notiere Stichpunkte zu den Antworten.

Was Werbung will

Werbung will informieren, aber vor allem etwas anpreisen, zum Beispiel:

- Produkte: das neue Computerspiel, den tollen Schulfüller für Linkshänder, das kernige Knusper-Müsli, die federleichten Sportschuhe einer bestimmten Marke oder das supersanfte Pickel-Ex.
- Dienstleistungen: aktuelle Informationen über Freizeiteinrichtungen oder Angebote zur Nachhilfe beim Lernen.
- Veranstaltungen: Konzerte, Theaterstücke, Kinofilme, Ausstellungen, Fußballspiele.

Die Werbung sagt dir zum Beispiel:
Mit dem neuen Computerspiel erlebst du tolle, spannende Abenteuer. Oder: Der neue Schulfüller hilft dir, viel besser zu schreiben.
Das neue Knusper-Müsli schmeckt und ist dabei so gesund. Außerdem gibt es noch Sammelbilder.
Mit den Super-Sportschuhen kannst du beim nächsten Sportfest bestimmt gewinnen.
Und das neue Pickel-Ex macht dich schön.
Die Ausstellung „Technik live" musst du unbedingt besuchen, sie macht dich viel klüger. Auch das Konzert mit deinem Lieblingssänger oder deiner Lieblingsband darfst du nicht versäumen, es bringt dir großen Spaß.

Werbung verspricht sehr viel, sie soll dich zum Kaufen anregen.

1 Wer etwas verkaufen will, wirbt dafür. Finde für eine Werbung heraus:
- Wer wirbt?
- Wofür wird geworben?
- Wo wird geworben?
- Mit welchen Mitteln wird geworben?

2 Dokumentiere zum Werbefernsehen:
- Wann wird gesendet?
- Wofür wirbt man?
- Wie lange wird gesendet?

★ Schreibe eine Woche lang auf, wo und wann du Werbung entdeckst. Fotografiere, schneide aus, male, schreibe …

Wie Werbung arbeitet

Werbung will deine Aufmerksamkeit erreichen:

- Mit Bildern:
  Werbung zeigt schöne oder sehr ungewöhnliche Bilder von Produkten. Darüber staunt der Betrachter und wird neugierig.
- Mit Worten:
  Lobende Worte preisen die Produkte an: neu, einzigartig, einmalig, billig, genial, super …
- Mit Texten:
  Die Texte sind kurz, wir merken sie uns schnell. Oft sind es lustige Sprüche oder Reime.
- Mit Filmen:
  Sie erzählen kurze Geschichten mit komischen Situationen oder einem überraschenden Schluss.

Wer möchte da nicht kosten?

Werbung nutzt oft, was du schon kennst und magst:

- Beliebte Figuren aus Filmen oder Büchern schmücken Kleidung, Federtaschen, Fahrräder …
- Fußballclubs bieten für ihre Fans T-Shirts, Taschen oder Sticker mit dem Logo der beliebten Mannschaft an.
- Berühmte Sportler und Künstler werben im Fernsehen oder auf Plakaten für Produkte. Ihre Botschaft heißt: „Vertrau mir, ich nehme das Produkt gern, bestimmt wirst du es auch toll finden."
- Werbung nutzt oft Farben, die Kinder besonders lieben.

1 Suche Beispiele, wie Werbung deine Aufmerksamkeit erreicht: mit Bildern, Worten, Sprüchen, mit Geschichten, Figuren …

Werbung vertuscht und täuscht manchmal:
Die Menschen auf einer Zigarettenwerbung sehen meist cool, jung und gesund aus. Aber Rauchen ist nicht gesund. Auf Zigarettenschachteln und Werbeplakaten steht sogar:

Rauchen kann tödlich sein

2 Hier erzählen die Bilder etwas anderes als der Text. Welche Bilder würden eher zu diesem Text passen?

Werbung untersuchen

- Finde heraus:
  – Verstehe ich alle Informationen?
  – Werde ich über Vor- und Nachteile des Produkts informiert?
  – Was bekomme ich, wenn ich es kaufe?
  – Stimmt die Werbung mit meiner Erfahrung überein?
  – Wie werde ich zum Kauf angeregt?

Jedes Kind hat Rechte

Die Menschenrechte wurden 1948 verkündet.

Nach zwei großen Weltkriegen gründeten 1945 fünfzig Staaten einen Bund, die Vereinten Nationen, kurz UN (englisch: United Nations). 2011 gehören 192 Staaten dazu. Die Organisation setzt sich für Frieden und Freiheit auf der ganzen Welt ein. 1948 verkündeten die Vereinten Nationen die Menschenrechte. Darin steht, dass alle Menschen gleich und frei sind und sich in Freundschaft begegnen sollen. Jeder hat das Recht auf Leben, Freiheit und Sicherheit der Person.
Kinder brauchen zusätzlichen Schutz. Deshalb wurden 1959 besondere Rechte der Kinder bekannt gegeben.

Jedes Kind hat ein Recht auf

1 Nennt Beispiele, wie in Deutschland die Kinderrechte verwirklicht sind.

2 Welches Recht ist dir besonders wichtig? Begründe deine Meinung.

AH S.10
S. 12

Am 20. November 1989 nahmen die Vereinten Nationen die Konvention (Übereinkommen) über die Rechte des Kindes an. Fast alle Staaten der Erde haben sie inzwischen bestätigt. Auf dem Weltkindergipfel im September 1990 verpflichteten sich Regierungen aus der ganzen Welt, die Rechte der Kinder anzuerkennen und bekannt zu machen.
Doch noch immer werden die Rechte der Kinder täglich verletzt. Deshalb setzen sich viele Organisationen und Personen für Kinder ein. Schon am 11. Dezember 1946 gründeten die Vereinten Nationen das Kinderhilfswerk UNICEF (englisch: United Nations International Children's Emergency Fund). Es hilft Kindern und Müttern in 161 Ländern der Welt, vor allem in Notsituationen.

Zeichen des Kinderhilfswerks UNICEF

3 Informiert euch über Hilfsaktionen von UNICEF. Berichtet darüber.

★ Ihr könnt UNICEF-Junior-Botschafter werden. Informiert euch im Internet.

Kakao für Schokolade – eine Projektidee

Was steckt in der Schokolade?

Vor allem Kakao. Braune Schokolade ist eine Mischung aus Kakaomasse, Kakaobutter und Zucker. Bei Vollmilchschokolade wird noch Vollmilchpulver zugesetzt.

Was ist Kakao?

Kakao nennt man die Samen des Kakaobaumes und das aus ihnen gewonnene Pulver. Der Baum wächst im tropischen Regenwald. Er trägt das ganze Jahr über Früchte. Sie wachsen in fünf Monaten aus winzigen Blüten **1**, die direkt aus dem Stamm treiben. Die reifen Früchte **2** sind 10–25 cm lang und wiegen bis zu 500 g. Sie werden mit Messern geerntet **3**, geöffnet und in die Sonne gelegt.
Im Fruchtfleisch **4** liegen 25–50 weiße Samen. Während das Fruchtfleisch in der Sonne gärt, trocknen die Samen (Kakaobohnen) **5** und erhalten dabei ihren Geschmack und die braune Farbe.

Wie wird aus Kakao Schokolade?

Die Kakaobohnen werden in Fabriken geröstet und gebrochen. Durch Walzen und Mahlen entsteht aus dem Kakaobruch der Grundstoff zur Herstellung von Schokolade, die Kakaomasse **6**.
Der Kakaomasse wird Kakaobutter abgepresst **7**. Was zurückbleibt, wird zu Kakaopulver zermahlen.

Für braune Schokolade mischt man Kakaomasse, Kakaobutter, Zucker und weitere Zutaten. Langes Rühren – bis zu 72 Stunden – und dabei immer die richtige Temperatur halten **8–10** –, das ist das Geheimrezept der Schokoladenmacher.

1

2

3

4

5

6

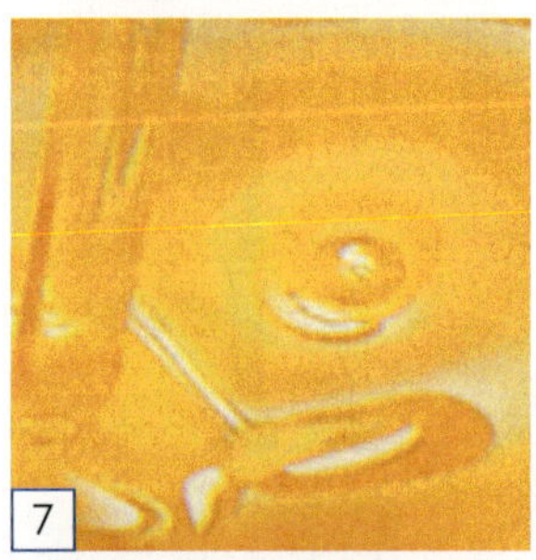
7

8

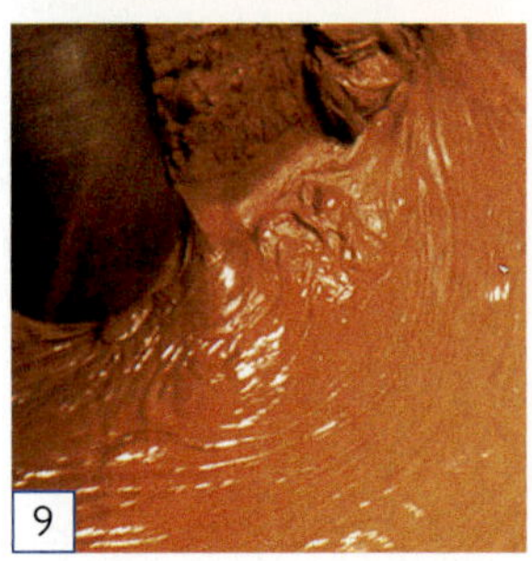
9

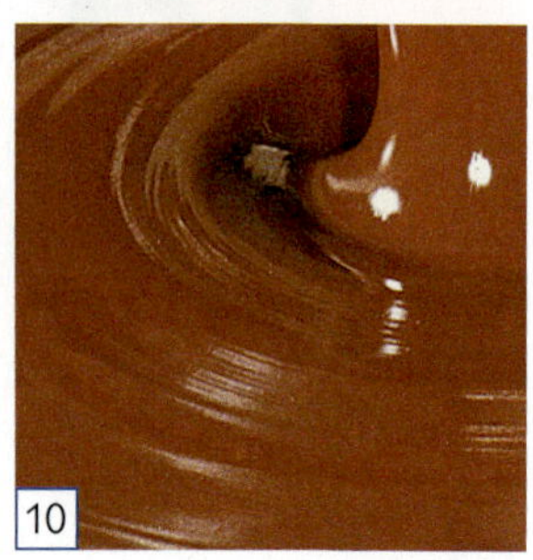
10

Beispiel für globalisierte Produktion kennen lernen (Schokoladenherstellung)

S. 12

Wie kommt die Schokolade zu uns?

Viele Kakaobohnen kommen aus Afrika, zum Beispiel aus dem Land Côte d'Ivoire (sprich: kot di'vwar). Sie werden dort in Säcke verpackt und mit dem Schiff nach Europa gebracht. Dort stellen mehrere Unternehmen aus Kakao Rohschokolade her und liefern sie auch an Firmen in Berlin. Diese stellen aus der Schokolade vielfältige Produkte her und liefern sie an Spezialgeschäfte.
Einige Firmen stellen Schokolade auch aus Kakao her, der im „fairen Handel" erworben wurde.

Was bedeutet „fairer Handel"?

Für viele Kleinbauern in Côte d'Ivoire ist der Verkauf von Kakabohnen der einzige Verdienst für ihre Familien. Doch auf dem Weltmarkt wird viel Kakao angeboten, deshalb verdienen die Bauern für die Ernte wenig Geld. Sie sind sehr arm.
Durch fachliche Betreuung beim Anbau der Kakaobohnen und fairen Handel verbessern die Bauern ihre Ernteerträge und damit ihre Einkommen. In der Genossenschaft „Kavokiva" arbeiten Kakaobauern nach den Bedingungen des fairen Handels. Sie verzichten auf Kinderarbeit und Zwangsarbeit. Sie bauen Bio-Kakao umweltschonend auf traditionelle Weise an und nutzen keine giftigen Unkraut- und Schädlingsbekämpfungsmittel. Dafür erhalten sie gute Preise und zusätzlich Prämien. So können sich die Bauernfamilien medizinisch besser versorgen oder Brunnen bauen.
Die Kinder können zur Schule gehen.

★ Erforsche: Aus welchen Ländern kann der Zucker für die Schokolade kommen?

Eine Projektidee entwickeln

- Schreibt zum Thema Fragen auf Kärtchen.
- Sortiert die Kärtchen:
  – Welche Fragen passen zusammen?
  – Welche Fragen sind besonders interessant?
- Einigt euch, welche Fragen ihr in Gruppen bearbeiten wollt.
- Geht auf Materialsuche.

TRANSFAIR
FAIRTRADE

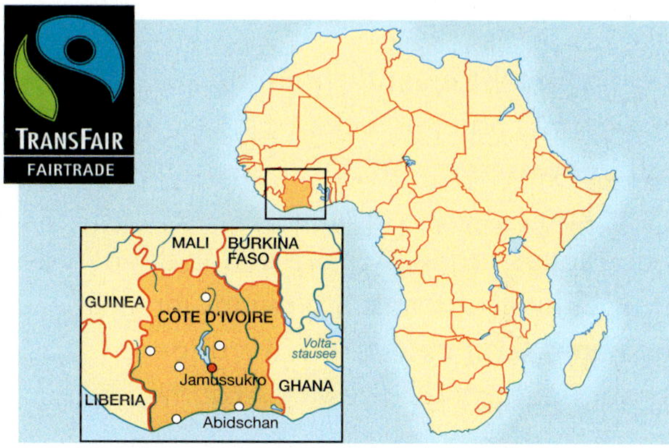

Schokolade prüfen

- Sammelt Schokoladenverpackungen. Vergleicht. Welche gefallen? Warum?
- Legt eine Tabelle zu Inhaltsstoffen (Zutaten) an. Vergleicht.

Schokoladensorte	Inhaltsstoffe
Vollmilch ...	

Argumentieren lernen – Probleme lösen

Stellt euch vor, ihr wollt mit euren Eltern in der Klasse das Thema diskutieren: „Welche Rechte hat ein Kind in der Familie?“ Wie wollt ihr euch vorbereiten? Was wollt ihr sagen? Vielleicht gehen eure Meinungen ja auseinander?

Wir geben einfach Fragen an die Eltern weiter und lassen sie reden.

Ich sage lieber nichts. Ich krieg nur Ärger, denn zu Hause klappt es nicht mit meinen „Kinderrechten“.

Ich weiß zu wenig über Kinderrechte. Ich sage gar nichts.

Jeder kann doch sagen, was er denkt.

Wir losen aus, wer etwas sagen soll. Das ist gerecht.

Problem heißt eigentlich Hindernis.
In einem Problem stecken oft Fragen, die nicht immer leicht zu beantworten sind. Oft gehen die Meinungen darüber auseinander.
Jeder kann etwas vorschlagen oder etwas ablehnen.
Jeder sollte sagen, warum er für etwas oder gegen etwas ist.
Im Meinungsaustausch gewinnt ihr größere Klarheit über ein Problem.
Ihr nennt Gründe, warum ihr anderen zustimmt oder ihre Meinung ablehnt.
Anders gesagt: Ihr tauscht Argumente aus und diskutiert darüber.

1 Übt für eure Diskussion.
Jeder bastelt dazu einen Hut für sich.
Mit der Wahl der Hutfarbe legt jeder fest,
wie er in die Diskussion einsteigen will, zum Beispiel:

 einen Eindruck, ein Gefühl mitteilen

 über Nachteile eines Vorschlags sprechen

 Informationen sammeln, Tatsachen nennen

 über Vorteile eines Vorschlags sprechen

 einen völlig neuen Vorschlag machen

 Äußerungen zusammenfassen, eine Entscheidung vorschlagen

2 Wechselt nach einiger Zeit die Hüte. So kann jeder das Problem von mehreren Seiten bedenken.
Wer am Ende den gelben Hut erhält, fasst zusammen.

Argumentieren lernen; sich an Entscheidungsprozessen beteiligen, eigene Vorstellungen, Argumente einbringen; tolerant und vorurteilsfrei mitwirken

S. 3

Im Winter

Wie bringt man die Glühlampe zum Leuchten?
Wie treibt Wasser oder Luft Maschinen an?
Wie funktioniert ein Elektromagnet?

Wie wirkt elektrischer Strom?

Ohne elektrischen Strom können wir uns unseren Alltag kaum vorstellen. Wir nutzen Strom, um Räume und Straßen zu beleuchten, um ein Zimmer zu erwärmen, wenn wir eine Türklingel betätigen oder Straßenbahn fahren. Elektrischer Strom erzeugt Licht, Wärme, magnetische Wirkung und Bewegung. Mehr zur magnetischen Wirkung erfahrt ihr auf Seite 42.

1 Welche elektrischen Geräte nutzt deine Familie? Erstelle eine Tabelle: Schreibe Geräte auf, die hauptsächlich Licht oder Wärme erzeugen. Kreuze an.

Gerät	*Licht*	*Wärme*

Bewegung in Strom umwandeln

So funktioniert ein Fahrraddynamo:
Für die Lichtanlage am Fahrrad kann man mit Hilfe eines Magneten elektrischen Strom gewinnen.
Beim Fahren dreht sich der Reifen und mit ihm das Laufrädchen des Dynamos. Die Drehung wird mit Hilfe des Magneten und der Spule im Innern des Dynamos in Strom umgewandelt. Der Strom wird über Kabel zum Scheinwerfer geleitet und dort in Licht umgewandelt.

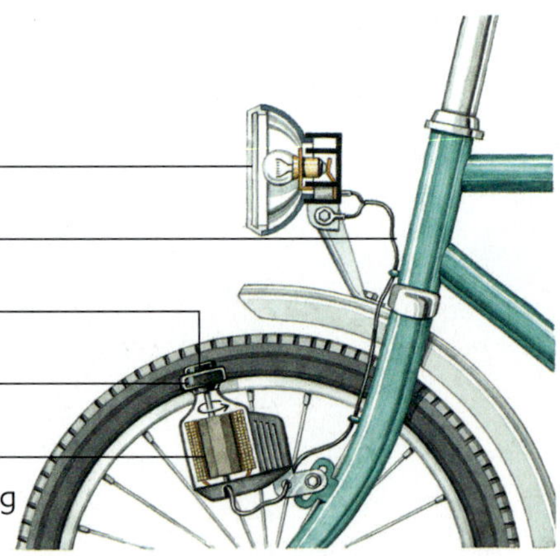

2 Deine Lampe am Fahrrad leuchtet nicht. Welche Ursachen kann das haben?

★ Probiert aus: Was passiert, wenn sich das Laufrädchen am Dynamo schneller oder langsamer dreht?

Wirkungen des elektrischen Stroms nennen und zuordnen: Licht, Wärme, Bewegung, magnetische Wirkung

Der einfache Stromkreis

Eine Glühlampe zum Leuchten bringen

Vermute: Wie muss eine Glühlampe mit der Batterie verbunden werden, damit sie leuchtet?

Du brauchst:
- Flachbatterie
- Glühlampe

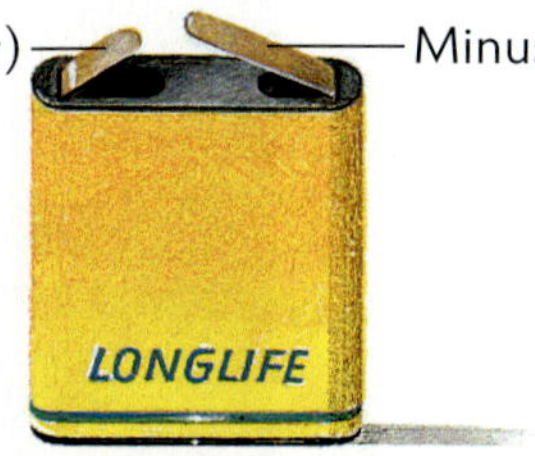

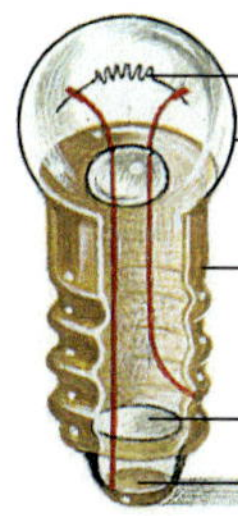

Gehe so vor:
- Die Bilder zeigen, wie du es ausprobieren kannst.

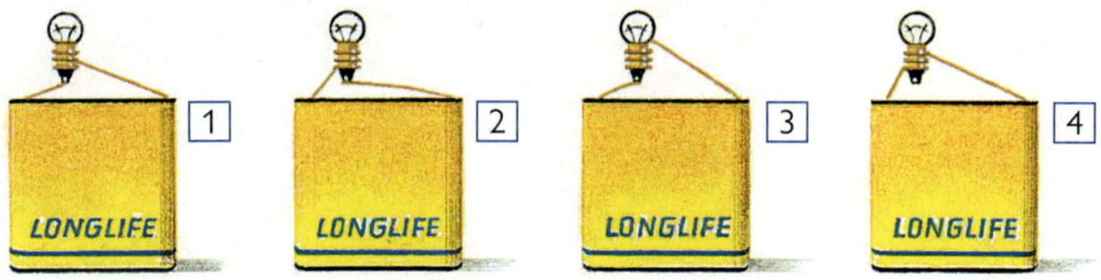

Erklärung: Eine Batterie ist eine Stromquelle.
Die Glühlampe leuchtet, wenn der Stromkreis geschlossen ist.
Der Stromkreis ist geschlossen, wenn der Strom von einem Pol der Batterie über Kontaktplättchen, Glühdraht und Schraubsockel zum anderen Pol fließt.

Einen Stromkreis bauen

Du brauchst:
- Glühlampe
- Leitungsdraht
- Schalter
- Flachbatterie

Gehe so vor:
- Baue den Stromkreis nach der Zeichnung auf.

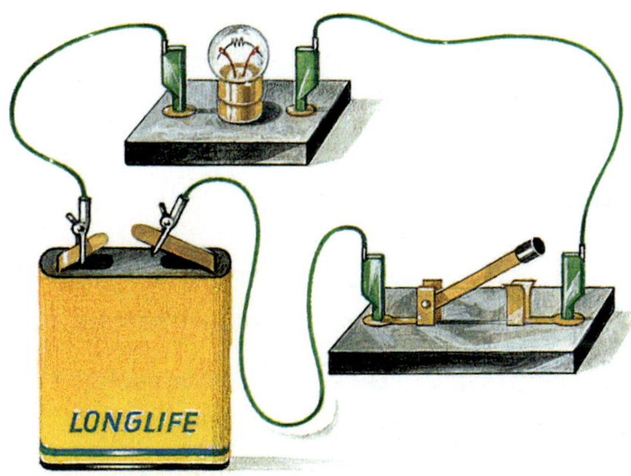

Achtung, Lebensgefahr!
- Experimentiere nie mit elektrischem Strom aus der Steckdose. Das ist lebensgefährlich. Führe alle Experimente mit einer Batterie durch.
- Fasse elektrische Geräte nie mit nassen Händen an! Elektrischer Strom fließt auch durch Wasser.

Energiequellen: Wasserkraft kann Maschinen antreiben

Bis vor 300 Jahren hatten die Menschen drei wichtige Energiequellen, um Arbeit zu verrichten:

- ihre eigene Muskelkraft und die der Tiere,
- die Kraft des Windes und
- die Kraft des Wassers.

Um die Wasserkraft zu nutzen, bauten sie an Bächen und an Flüssen Wasserräder. Das Wasser fließt über eine Rinne in die geschlossenen Zellen des Mühlrades. Sein Gewicht drückt das Mühlrad herunter, es beginnt sich zu drehen. Aus der Fließbewegung des Wassers wird die Drehbewegung des Mühlrades. Die Mühlräder wiederum treiben Mühlsteine, große Hämmer oder Sägen an.

Ein Wasserrad bauen und ausprobieren

Vermutet: Wie verändert sich die Drehbewegung des Rades, wenn der Wasserstrahl stärker oder schwächer wird?

Ihr braucht:

- Teile 1 – 5

Geht so vor:

- Baut den Versuch so auf und probiert aus:

- So baut ihr das Wasserrad 2:

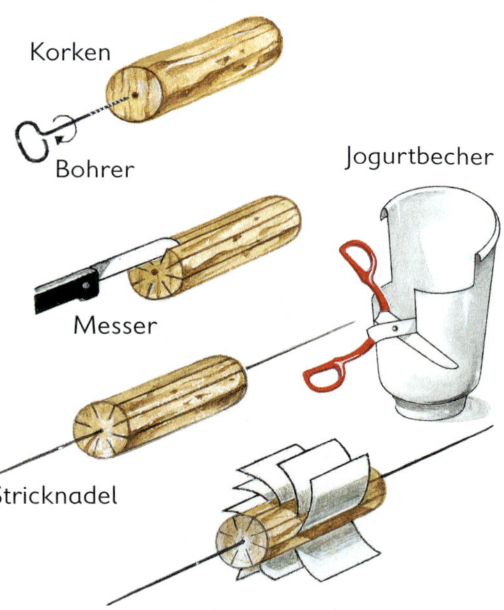

Ergebnis: Erstellt eine Tabelle und tragt eure Beobachtungen ein.

Unterschiedliche Möglichkeiten der Energieumsetzung benennen und vergleichen; Modelle bauen, die die Energie des Wassers nutzen

S. 10, S. 11

Energiequellen: Windkraft kann Maschinen antreiben

Windmühlen um 1780

Windräder heute

Der Wind treibt die Flügel der Windmühle an. Die Drehbewegung der Mühlenflügel wird über eine Welle auf ein Mahlwerk, eine Ölpresse oder auch ein Sägewerk übertragen. So wird mit Windkraft Mehl gemahlen, Öl gewonnen oder Holz gesägt. Windmühlen standen an windreichen Orten: im Flachland, auf Bergen, in der Nähe des Meeres.

Ein Windrad ist eine Maschine, die Windenergie in elektrische Energie umwandelt. Ein großes Windrad kann etwa 800 Haushalte mit elektrischem Strom versorgen. Windräder arbeiten sauber, ohne Abgase und ohne Abfall.
Windräder stehen an Orten mit viel Wind – auf Hügeln oder auch auf riesigen Plattformen im Meer.

Ein Windrad bauen und ausprobieren

Ihr braucht:
- Werkzeuge
- verschiedene Holzteile (1)
- Schrauben und Nägel (2)
- Unterlegscheibe (3)
- kleine Metallhülse (4)
- Holzleim und Farbe

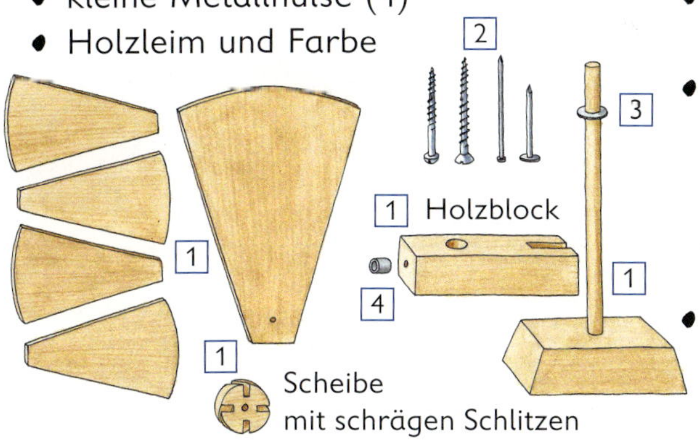

Geht so vor:
- Wählt Werkzeuge aus.
- Fertigt die Holzteile an.
- Leimt die kleinen Blätter in die Schlitze der Scheibe.
- Leimt das große Blatt in den Schlitz des Holzblocks.
- Setzt die Hülse auf einen langen Nagel und befestigt mit dem Nagel die Scheibe.
- Was ist noch zu tun?

Unterschiedliche Möglichkeiten der Energieumsetzung benennen und vergleichen; Modelle bauen, die die Energie des Windes nutzen

S. 10, S. 11

Magnete und ihre Kräfte

Magneteisenstein

Magnete ziehen Gegenstände an und stoßen sie ab.
Die Magnetkraft geht durch Glas, durch Wasser und Luft.
Die Menschen entdeckten magnetische Kräfte zuerst an einem schwarzen Mineral, dem Magneteisenstein.
Er wird noch heute in vielen Lagerstätten der Erde abgebaut.

Magnete können in einem komplizierten Schmelzverfahren industriell hergestellt werden. Dabei werden Metallmischungen zu Dauermagneten.

1 Welche Gegenstände werden von Magneten angezogen und welche nicht? Probiert es aus.

Elektromagnete werden in der Industrie genutzt. Dabei bildet sich in einer Spule bei Stromdurchfluss ein magnetisches Feld. In der Spule befindet sich meist ein offener Eisenkern, der das Magnetfeld verstärkt.

2 Forsche nach: Wo werden Elektromagnete noch genutzt?

Einen Elektromagneten bauen

Ihr braucht:
- Flachbatterie
- 1,5 m Klingeldraht
- Nagel (8 mm dick)
- 2 Musterklammern
- magnetische Stoffe

Geht so vor:
- Wickelt Klingeldraht eng um den Nagel.
- Entfernt die Isolierung an den Drahtenden. Schließt die Drahtenden mit den Musterklammern an Plus- und Minuspol der Batterie an.
- Haltet Stoffe an den Nagel.
- Beobachtet die Stoffe: Was passiert,
  – wenn ihr den Stromkreis schließt?
  – wenn ihr den Stromkreis unterbrecht?

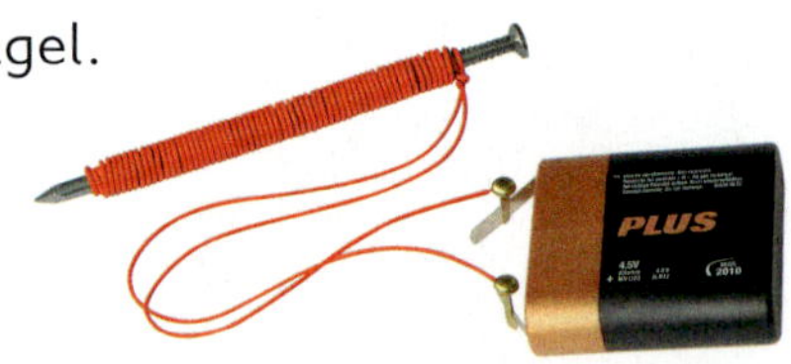

Mit einem Kompass kann man Himmelsrichtungen bestimmen: auf dem Land, in der Luft, auf dem Meer und unter Wasser. Das Erdmagnetfeld richtet die Kompassnadel stets nach Norden aus.

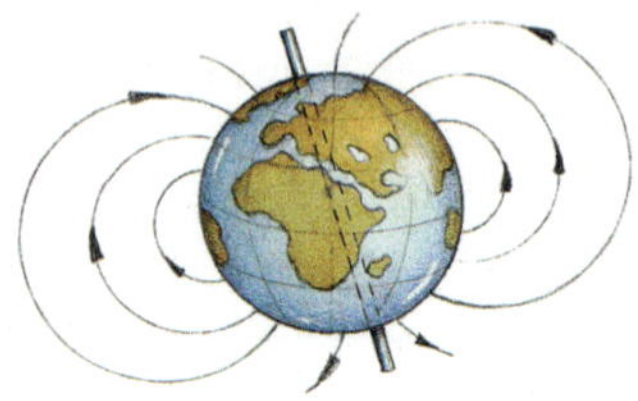

Natürliche und industriell hergestellte Magnete kennen lernen, Wirkung überprüfen: Anziehen, Abstoßen; Wirkprinzip eines Elektromagneten erproben

AH S. 11, 12

S. 10, S. 11

Dieser Kompass ist 400 Jahre alt. Das Bauprinzip gilt heute noch: Die Nadel ist magnetisch. Sie zeigt immer nach Norden.

Wie eine Büroklammer den Weg nach Norden zeigen kann

Du brauchst:

- eine Büroklammer aus Metall
- Klebeband, Faden
- einen Magneten

Gehe so vor:

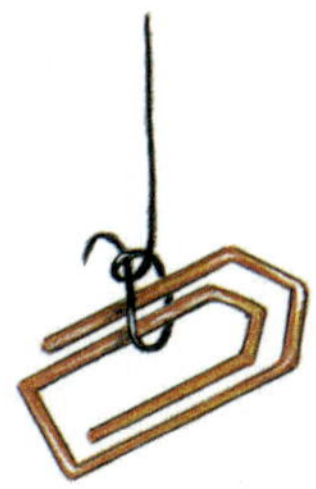

Knote ein Stück Faden an die Büroklammer.

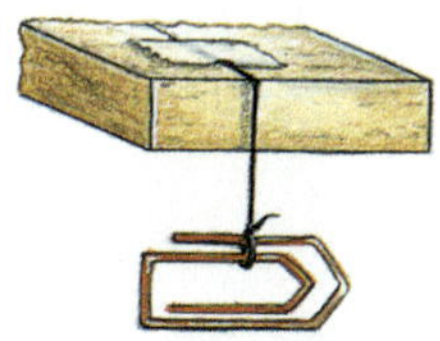

Befestige den Faden so, dass die Büroklammer frei hängen kann.

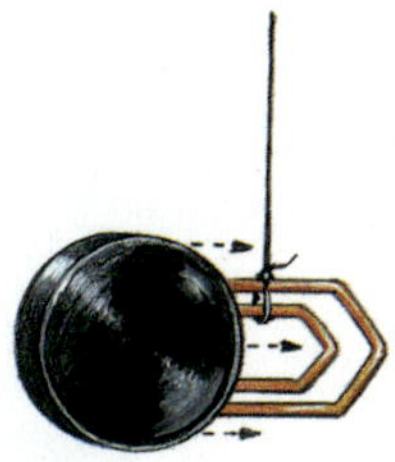

Führe den Magneten mehrfach in gleicher Richtung an der Klammer entlang.

- Schreibe auf, was du beobachtest.

Beim Schiffskompass schwimmen die Magnetnadel und die Skala der Gradeinteilung auf einer Flüssigkeit. So liegen sie auch bei Seegang immer waagerecht.

Wie ein Nagel nach Norden zeigen kann

Du brauchst:

- einen Teller mit Wasser
- eine Korkscheibe
- einen Magneten
- einen Nagel

Gehe so vor:

Stich den Nagel vorsichtig durch die Korkscheibe.

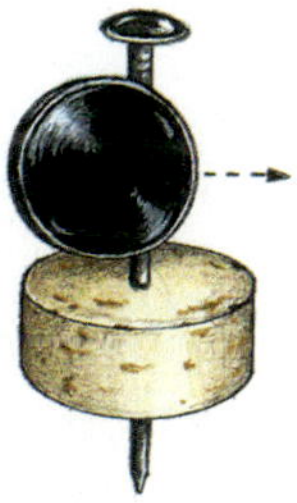

Berühre mit dem Magneten den Nagel. Der Nagel ist nun magnetisch.

Setze nun die Korkscheibe mit dem Nagel vorsichtig auf das Wasser.

- Schreibe auf, was du beobachtest.

Wir prüfen Textilien auf Wetterfestigkeit

Wärmeisolierung durch Textilien

Vermutet: Welche Materialien halten Wärme lange, welche halten Wärme kaum?

Ihr braucht:
- 7 gleich große Flaschen
- 6 gleich große Materialstücke
- Gummiringe
- Topf mit heißem Wasser
- Thermometer, Uhr

Geht so vor:
- Umwickelt die Flaschen mit den Materialien, befestigt diese mit Gummiringen.
- Füllt alle Flaschen mit heißem Wasser.
- Messt die Wassertemperatur und notiert sie.
- Messt nach 30 Minuten noch einmal.

Wasserdichte von Textilien

Vermutet: Welche Textilien sind wasserdicht, welche nicht?

Ihr braucht:
- alte Stoffstücke mit Angaben zum Material
- eine Schüssel
- ein großes Weckglas
- Wasser
- einen Eierbecher, Gummiringe

Geht so vor:
- Stellt das Weckglas in die Schüssel.
- Füllt den Eierbecher mit Wasser.
- Einer befestigt ein Stoffstück über der Weckglasöffnung, ein anderer gießt langsam Wasser über das Stoffstück.
- Untersucht so alle Stoffstücke.
- Legt eine Tabelle an.

Material	wasserdicht	wasserdurchlässig

2 Erfindet einen Versuch: Wie luftdurchlässig sind bestimmte Textilien? Tipp: Nutzt einen Fön.

1 Schreibe zu einem Versuch ein Protokoll. Schlussfolgere für deine Kleidung.

Experimente zur Prüfung von Textilien im Hinblick auf ihre Wärmeisolierung, Wasserdichte und Luftdurchlässigkeit durchführen

AH S.13

Heizen und Kühlen

In den Jahreszeiten wechselt das Wetter und damit die Temperatur. Im Winter tragen wir wärmende Kleidung, in der Sommerhitze luftige Sachen. Auch technische Erfindungen haben die Menschen vom Wetter unabhängiger gemacht.
Du kannst sie in eurer Wohnung entdecken.

Über ein Rohrsystem, das mit Kühlflüssigkeit gefüllt ist, wird aus dem Inneren des Kühlschranks Wärme abgeleitet und nach außen abgegeben.

Kaminöfen haben einen Feuerraum aus Metall, der innen mit Schamottesteinen verkleidet ist. Der Rauch wird über das Ofenrohr in den Schornstein abgeleitet.

1 Findet in eurer Umgebung Geräte und Anlagen, die heizen oder kühlen und uns damit wetterunabhängig machen.

Technische Entwicklungen kennen, die die Abhängigkeit der Menschen vom Wetter reduzieren, und ihre Wirkungen beschreiben: Heiz- und Kühlsysteme

Elektrische Schaltpläne zeichnen und lesen

Einen aufgebauten Stromkreis kannst du mit Hilfe von Symbolen zeichnen.
So entsteht ein Schaltplan.

Einen einfachen Stromkreis aufbauen

Einen Schaltplan zeichnen

In Schaltplänen werden einheitliche Schaltzeichen genutzt.
Sie lassen sich leicht zeichnen und lesen. Die Symbole bedeuten:

Glühlampe	Schalter offen	Leitungsdraht
Stromquelle (Batterie)	Schalter geschlossen	

Schaltpläne lesen

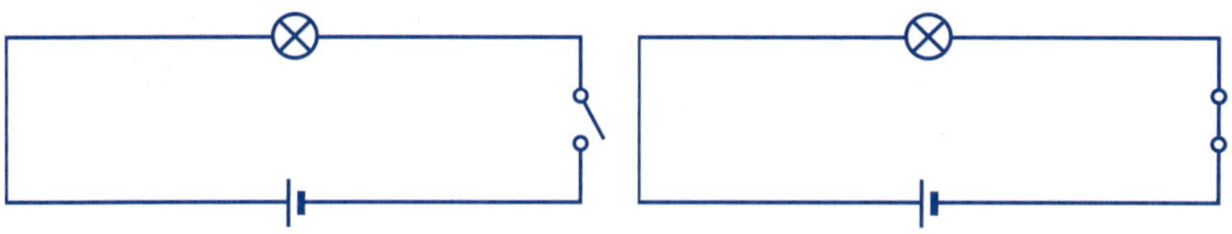

1 Beschreibe deinem Partner oder deiner Partnerin den Aufbau beider Schaltungen.
In welcher Schaltung leuchtet die Glühlampe?

Für Profis

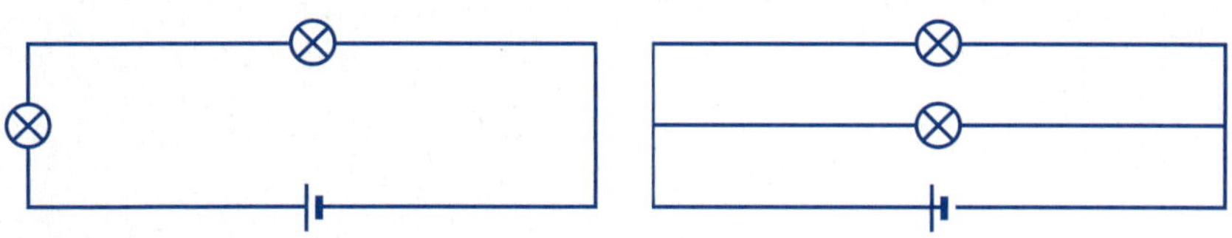

★ Baue beide Schaltungen nach. Schraube in jeder Schaltung eine Glühlampe aus der Fassung. Was passiert?

Schaltpläne lesen und zeichnen

- Lest die Legende.
- Zeigt und benennt jedes Schaltzeichen im Schaltplan nach dem Uhrzeigersinn.

- Betrachtet zum Zeichnen die Schaltung, benennt jedes Teil.
- Zeichnet für jedes Bauelement das Symbol. Beginnt links.
- Verbindet zum Schluss alle Zeichen.

Das tut mir gut

Was kann ich tun, um gesund zu bleiben?
Warum verändere ich mich in der Pubertät?
Wie kommt ein Kind zur Welt?

Tipps für deine Gesundheit

Kinder sind die gesündeste Gruppe in der Bevölkerung. Aber manchmal werden auch Kinder krank. Meist gibt es dafür Anzeichen, der Arzt sagt dazu „Symptome“:
Man friert, hat gar Schüttelfrost. Man fühlt sich müde und schwach oder hat Schmerzen.
Das Essen schmeckt nicht. Manchmal verändert sich auch die Haut – sie juckt, Pusteln erscheinen.
Der Körper wehrt sich gegen die Krankheit, bei manchem zeigt sich Fieber.

Die Körpertemperatur schwankt:
Nachts ist sie niedriger als am Tag.

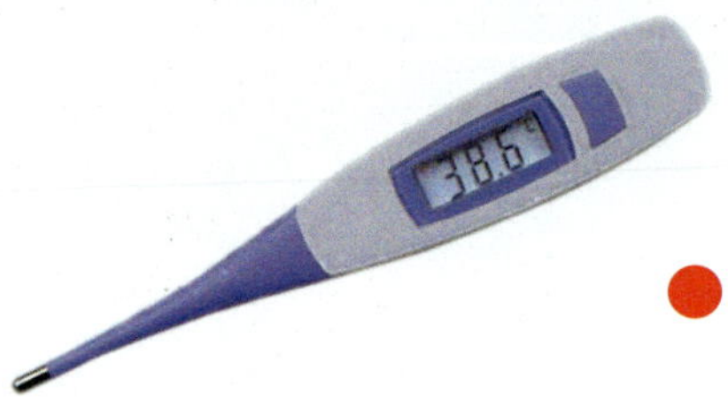

- 36,5 °C bis 37,5 °C: Normaltemperatur
- 37,6 °C bis 38,5 °C: erhöhte Temperatur
- 38,6 °C bis 39,5 °C: Fieber
- über 39,5 °C: hohes Fieber

Versuche nicht, Krankheitszeichen zu überspielen. Wie Paul: Abends hatte er Fieber, die Mutter gab ihm eine Tablette. Früh zog er los, obwohl ihm nicht gut war. Er wollte beim Ausflug unbedingt dabei sein. Am Ende musste der Lehrer ihn sogar ins Krankenhaus bringen. Der Ausflug war damit für alle zu Ende.
Jetzt, nach dieser Anstrengung, dauert es länger, bis Paul wieder gesund ist.
Deshalb: Bei Krankheitszeichen sofort zum Arzt!

Gesund ist, wer sich wohlfühlt, aktiv ist, wer gern arbeitet oder spielt, wer Freunde hat und selbst gut drauf ist.

1 Welche Krankheitszeichen hast du bei dir schon einmal festgestellt?

2 Messt eure Körpertemperaturen. Vergleicht. Was für ein Thermometer nutzt ihr dafür?

3 Wie kannst du Erkältungen vermeiden? Befrage Erwachsene nach Hausmitteln gegen Erkältung.

AH S.15
S.12

Kinder essen, was zu Hause auf den Tisch kommt oder was es in der Schulküche gibt. Und schließlich das, was sie sich vom Taschengeld kaufen.
Wenn das Essen gut schmeckt, macht es Vergnügen. Vor allem aber ist es die Quelle unserer Energie und unserer Gesundheit. Doch nicht alles, was gut schmeckt, ist auf die Dauer gesund.

Die drei Gefahren beim Essen sind:
- zu wenig essen, um schlank zu bleiben,
- zu viel essen,
- sich einseitig ernähren, etwa mit Kartoffelchips, Schokoriegeln und Cola als Hauptnahrung.

So reagiert unser Körper:
- Wer zu wenig isst, ist meist auch müde, unlustig und unleidlich.
- Wer zu viel oder einseitig isst, wird schnell übergewichtig. Übergewicht belastet die Gelenke. Es kann sie schädigen und dazu beitragen, dass der Körper seine Ausdauer verliert. Dann machen Sport und Bewegung oft keinen Spaß mehr. Wenn sogar Fettleibigkeit entsteht, kann dies viele Krankheiten hervorrufen.

4 Protokolliere drei Tage lang alles, was du isst und trinkst.
Vergleiche mit der Nahrungspyramide.
Schätze ein, ob du dich gesund ernährst.

Als die ersten Menschen lebten, waren sie tagsüber immer in Bewegung, um Nahrung zu suchen. Entsprechend entwickelte sich ihr Körperbau. So können wir lange Strecken laufen, klettern, Lasten tragen und vieles andere tun.

Heute sitzen auch Kinder zu viel: in der Schule, vor dem Fernseher, vor dem Computer.
Unser Körper will beschäftigt werden, sonst wird er lustlos. Deswegen soll man als Ausgleich Sport treiben: Gut sind zum Beispiel Radfahren und Schwimmen, am besten Rückenschwimmen und Kraulen. Beides stärkt besonders den Rücken und die Muskulatur.

5 Warum fördert Radfahren die Gesundheit? Begründe.

Kleine, bunte Flaschen, „Alcopops“, lassen es lustig werden oder vertreiben den Kummer – jedenfalls fürs Erste. Man trinkt noch eine zweite Flasche – später wird es zur Gewohnheit – und am Ende kann mancher vom Alkohol nicht mehr lassen, er ist süchtig nach Alkohol.
Aber auch das kann eine Sucht werden: naschen, essen, hungern, am Computer spielen, rauchen, unkontrolliert Medikamente einnehmen, anderen gefallen wollen.
Aufmerken sollte auch, wer ständig fernsehen will und unruhig wird, wenn der Fernseher nicht läuft, wer sich kaum für eine Sendung interessiert, sondern ohne Freude von einem Sender zum anderen „zappt“. Für Sport, Freunde und zum Lernen bleibt da wenig Zeit.

Süchte sind Krankheiten. Deshalb:
Informiere dich, wie Süchte zu vermeiden sind.
Nutze Angebote im Ort.
Führe Gespräche mit Eltern, Freunden oder anderen vertrauten Menschen.

6 Betrachtet im Internet „Plakate gegen das Rauchen“. Sprecht darüber.

Besonders wohl fühlt man sich mit Freunden.
Du kannst mit ihnen den Tag verbringen, sie um Rat fragen, ihr könnt einander helfen. Das heißt aber auch: An gute Freunde sollte man denken und ihnen gelegentlich eine Freude bereiten, sich um sie kümmern, wenn sie Sorgen haben. Man sollte ihnen hin und wieder sagen, wie sehr man sie mag und dass man sie braucht. Das festigt nicht nur eure Freundschaft.
Gutes tun kommt meist zurück.

7 Womit könntest du deiner besten Freundin oder deinem besten Freund eine Freude machen? Etwas, das kein oder nur wenig Geld kostet.

Wie die Zeit der Pubertät beginnt

Menschen wachsen und entwickeln sich: Baby, Kleinkind, Schulkind … Mit zehn Jahren befindet ihr euch im Übergang zum Jugendalter. In den nächsten acht Jahren werdet ihr erwachsen und in den nächsten sechs Jahren auch fortpflanzungsfähig:
Bei den Mädchen reifen die ersten Eizellen.
Eines Tages wird aus der Gebärmutter eine reife Eizelle abgestoßen, mit einer Blutung, die nun etwa alle 28 Tage wiederkehrt. In den Hoden der Jungen wachsen Samenzellen – manchmal kommt es nachts zu Samenergüssen. In dieser Zeit nehmen Schamgefühle zwischen Mädchen und Jungen zu.
Kleinkinder ziehen sich noch ungeniert voreinander aus. Sie entdecken bald, dass es zwei Sorten Menschen gibt, aber es interessiert sie nicht sehr. Schon mit dem Eintritt in die Schule wird alles anders. Es gibt getrennte Toiletten. Man verbirgt seinen Körper, man zeigt sich nicht nackt vor anderen. Das ist Scham. Sie schützt den Einzelnen vor Spott und dummen Bemerkungen. Sie hilft uns auch, zu fühlen, was andere empfinden.
An manchen Orten überwindet man die eigene Scham. In der Sauna stört Kleidung beim Schwitzen, da sitzt man schon einmal nackt beisammen.
Auch an Nacktbadestränden ist es natürlich, nackt zu sein. Die Scham verschwindet auch, wenn zwei sich lieben. Sie dürfen einander betrachten, weil sie zusammengehören.

1 Betrachte das Bild: Benenne die körperlichen Veränderungen bei Mädchen und Jungen.

2 Welche körperlichen Veränderungen bemerkst du an dir?

Vergleichen, Veränderungen erkennen

- Betrachte im Bild 1 das Mädchen.
- Betrachte im Bild 2 das Mädchen im Schulalter.
- Finde Unterschiede. Sie zeigen Veränderungen.
- Betrachte das Mädchen in Bild 3 und die Frau in Bild 4. Vergleiche.

Jungen und Mädchen – muss das schwierig sein?

Das sind Carl und Claire.
Bisher gehörten sie zu verschiedenen Gruppen:
Carl zu den Jungen,
Claire zu den Mädchen.
Jungen geben sich meist stark und mutig. Für Mädchen haben sie wenig Interesse.
Und wie geben sich die Mädchen?

Seit einiger Zeit ist es anders.
Seht euch Carl und Claire an!
Sie stecken die Köpfe zusammen.
Sie reden miteinander.
Was ist passiert?

Mit etwa zehn Jahren beginnen wir uns stärker für das andere Geschlecht zu interessieren. Jungen schielen häufiger nach einem Mädchen, das sie interessiert. Und umgekehrt diskutieren Freundinnen gern darüber, wer von den Jungs für sie in Frage käme … Ein ganz normaler Vorgang. Wir sind nicht gemacht, um solo durchs Leben zu gehen. Heiraten kann man erst ab 18, aber verlieben kann man sich schon vorher.

Ratschlag für Jungen: Die Geschlechter sind zwar gleichberechtigt, aber manche Mädchen erwarten, dass erst der Junge Interesse an einer Freundschaft äußert. Das muss zurückhaltend geschehen!
Also nicht: „Du, wollen wir ein bisschen knutschen?"
Sondern: „Schwere Aufgaben heute, nicht?
Könnten wir die nicht zusammen machen?"
Jedes Mädchen weiß, dies ist ein Antrag.

Der Täuberich wirbt um das Weibchen: Er sträubt die Federn, lüftet die Flügel, senkt die Schwanzfedern und trippelt schnell um das Weibchen herum.

Wenn sie sagt: „Weißt du, ich mach das lieber mit meiner Freundin“, dann bist du abgelehnt. Trage es mit Würde. Tritt nicht nach, sondern lächle und sage: „O.K.!“ Sonst bist du bei allen Mädchen unten durch. Denn Mädchen besprechen alles – auch dies.

Ratschlag für Mädchen: Jungen gehen oft nur nach dem Äußeren, sie machen sich erst an die Schönsten ran. Bist du attraktiv? Dann kannst du aussuchen. Du bist eher Durchschnitt? Dann hast du es besser. Du musst nicht alle abwimmeln, sondern kannst dich auf den konzentrieren, der dir gefällt. Lass ihn spüren, dass du ihn magst. Schenk ihm bei Gelegenheit einen Kaugummi oder frag ihn nach einer Aufgabe. Besuch ihn beim Fußball oder lad ihn ein – zum Radfahren, Eisessen oder zum Einkauf, den du für deine Oma machst.

Ratschlag für beide: Geht behutsam miteinander um.

Was können Mädchen von Jungen lernen? Jungen sind oft durchsetzungsfähiger als Mädchen, sie greifen öfter in den Unterricht ein oder stellen Fragen.

Was können Jungen von Mädchen lernen? Mädchen haben bereits jetzt mehr soziale Kompetenz als Jungen. Das ist die Fähigkeit, andere zu verstehen, einzubeziehen oder zeitweilige Bündnisse zu schließen.

1 Wegweiser für Jungen: Die Mädchen schreiben auf, was sie am Verhalten der Jungen mögen und was ihnen missfällt.

2 Wegweiser für Mädchen: Die Jungen schreiben auf, was sie am Verhalten der Mädchen mögen und was ihnen missfällt.

★ Was sollte im Unterricht und in der Zeit davor und danach im Umgang miteinander besser werden? Macht daraus ein Benimm-Büchlein, lest daraus vor und diskutiert darüber.

Ein Mädchen entwickelt sich zur Frau

In der Pubertät bilden sich bei Mädchen die Geschlechtsmerkmale einer erwachsenen Frau heraus.

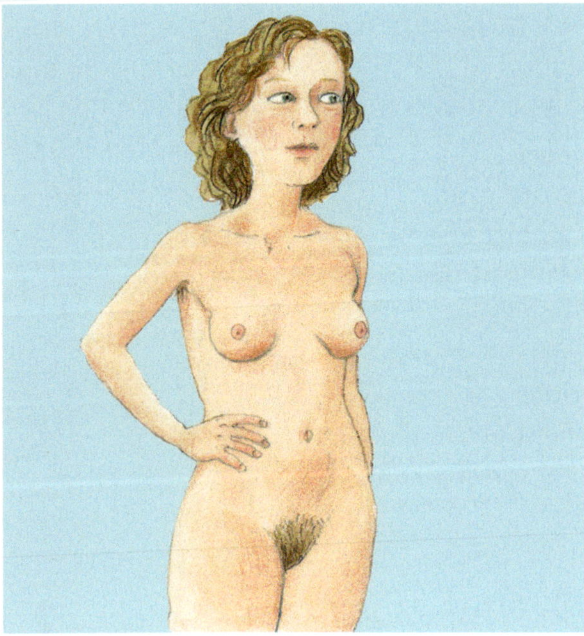

Der Körper einer jungen Frau

Körperbau

Frauen haben meist schmalere Schultern als Männer. Ihr Becken ist flacher und in der Mitte etwas breiter, denn der Beckenausgang muss so groß sein, dass der Kopf eines Babys bei der Geburt hindurchpasst. Unter der Haut der Frau bildet sich Fettgewebe, vor allem an den Hüften, der Brust und den Oberschenkeln. Dadurch wirkt der weibliche Körper weicher und runder als der Körper eines Mannes. Die Geschlechtsorgane der Frau sind durch eine Schambehaarung geschützt. Auch unter den Achseln wachsen Haare.

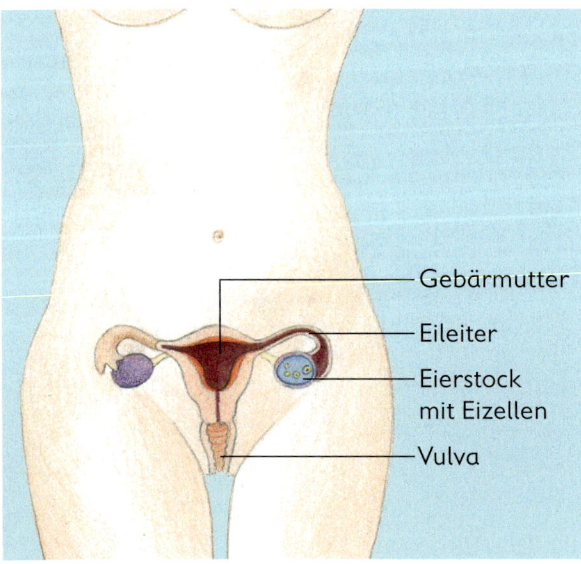

Geschlechtsorgane der Frau

Geschlechtsmerkmale

Frauen können Kinder gebären. Ihre Geschlechtsorgane sind dafür ausgebildet. In den Eierstöcken befinden sich Eizellen. Jeden Monat reift eine winzige Eizelle. Sie wandert durch den Eileiter zur Gebärmutter und nistet sich dort in einer gut durchbluteten Schleimhaut ein.
Wird die Eizelle nicht durch eine Samenzelle befruchtet, löst sich die Schleimhaut zusammen mit dem Ei ab. Die Monatsblutung, auch Regel oder Periode genannt, tritt ein. Dieser natürliche Vorgang dauert einige Tage. Danach baut sich eine neue Schleimhaut auf, wieder reift ein Ei.

1 Erkläre, wie sich ein Mädchen zur Frau entwickelt.

2 Wie findest du es, jugendlich und erwachsen zu werden?

S. 12

Ein Junge entwickelt sich zum Mann

In der Pubertät bilden sich bei Jungen die Geschlechtsmerkmale eines erwachsenen Mannes heraus.

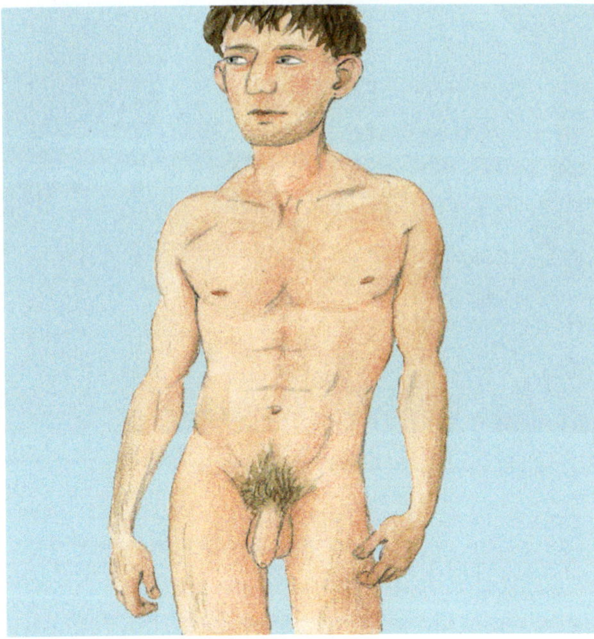

Der Körper eines jungen Mannes

Körperbau

Männer sind meist größer als Frauen. Ihre Schultern sind breiter und kantiger, die Brüste kaum entwickelt, das Becken ist eng und schmal. Männer haben auch kräftigere Muskeln als Frauen. Werden die Muskeln aber nicht beansprucht, erschlaffen sie. Auch Männer setzen Fettgewebe an, oft am Bauch. Männer haben meist eine tiefe Stimme, denn wenn die Geschlechtsorgane wachsen, vergrößert sich auch der Kehlkopf. Darin wird die Stimme erzeugt.

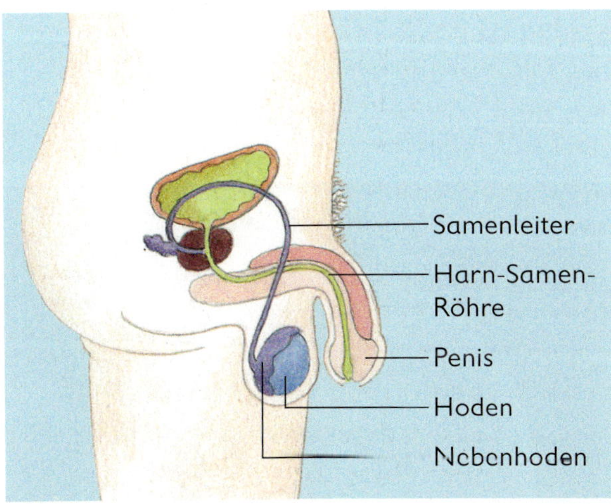

Geschlechtsorgane des Mannes

Geschlechtsmerkmale

Äußerlich sind die Hoden und der Penis (Glied) zu sehen. Die Hoden sind eine „Samenfabrik". Ständig werden Samenzellen produziert und in die Nebenhoden befördert. Viele Samenzellen sterben aber wieder ab. Der Penis kann steif werden und dann über den Samenleiter und die Harn-Samen-Röhre Samenzellen ausstoßen. Männern wächst ständig ein Bart. Unter und an den Armen und Beinen, an der Brust und in der Schamgegend sind Männer meist stärker behaart als Frauen.

1 Erkläre, wie sich ein Junge zum Mann entwickelt.

★ Legt einen Fragekasten an. Werft eine Woche lang Zettel mit euren Fragen zu den Themen „Vom Mädchen zur Frau", „Vom Jungen zum Mann" ein. Klärt die Fragen gemeinsam.

S. 12

Bevor Georg auf die Welt kam

David erinnert sich:
Als Mama uns sagte, wir bekommen noch ein Kind, waren Papa, Jule und ich vor Freude ganz aus dem Häuschen.

Ich stellte Mama viele Fragen:

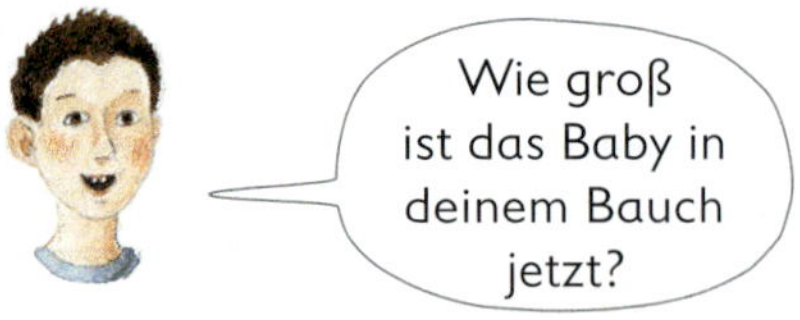

Nach 8 Wochen ist es erst 25 mm groß. Es hat aber schon Beine, Arme, Hände und Füße. Sogar die Augen sind schon zu sehen.

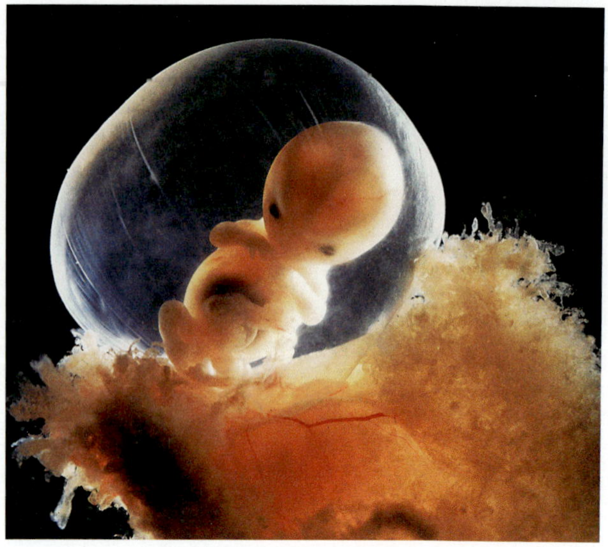

So sieht Georg nach 8 Wochen aus.

Das Baby wächst in der Gebärmutter. Es liegt darin in einer festen Blase, der Fruchtblase, und schwimmt im Fruchtwasser. Dieses Wasser schützt das Baby. Wenn ich laufe, wird es hin und her geschaukelt wie in einer Wiege. Wenn es wach ist, strampelt es mit den Beinchen und boxt mit den Fäusten.

Das Baby bekommt seine Nahrung durch eine lange Nabelschnur.
Das eine Ende der Schnur ist mit dem Nabel des Babys verbunden, das andere Ende mit meinem Blutkreislauf.
Deshalb muss ich mich jetzt ganz gesund ernähren, viel Obst essen. Ich darf nicht rauchen und keinen Alkohol trinken.

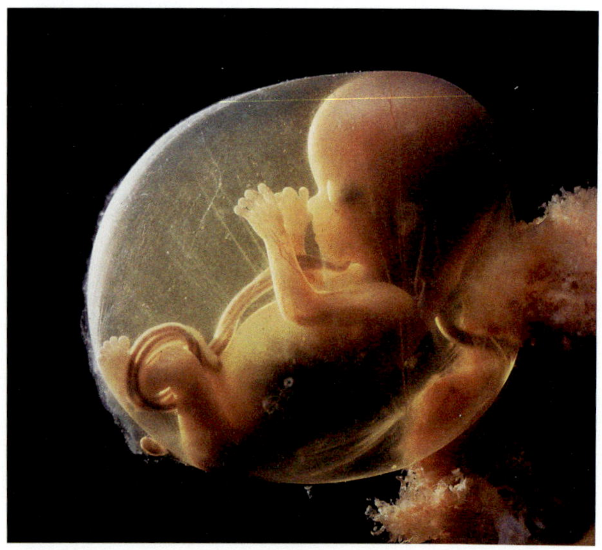

So sieht Georg nach 5 Monaten aus.

Entstehung und Entwicklung des menschlichen Lebens beschreiben:
Zeugung, Schwangerschaft, Geburt

S. 12

Kann das Baby im Bauch schon etwas hören?

Wie ist das Baby eigentlich reingekommen in deinen Bauch?

In meinem Bauch reift jeden Monat eine Eizelle heran. In Papas Hoden sind winzige Samen. Einer der Samen erreichte meine Eizelle, ich wurde schwanger.

Wie kommt der Samen zur Eizelle?

Wenn sich Mann und Frau lieben, wollen sie sich streicheln und eins sein. Das Glied des Mannes wird fest und kann in die Scheide der Frau gleiten. Aus dem Glied des Mannes strömen dann viele Samen. Sie machen einen „Wettlauf" zum Ei. Ist eine Eizelle reif, kann der Sieger dieses Ei befruchten. Jetzt kann ein neuer kleiner Mensch entstehen.

Nach 4 Monaten beginnt das Baby zu hören. Es hört, wie es in meinem Magen gurgelt, wenn ich etwas esse und trinke. Die ganze Zeit hört das Baby mein Herz klopfen und mein Blut rauschen.
Es hört auch Stimmen und Musik.
Wird es plötzlich laut, erschrickt es.

Samen unterwegs zum Ei

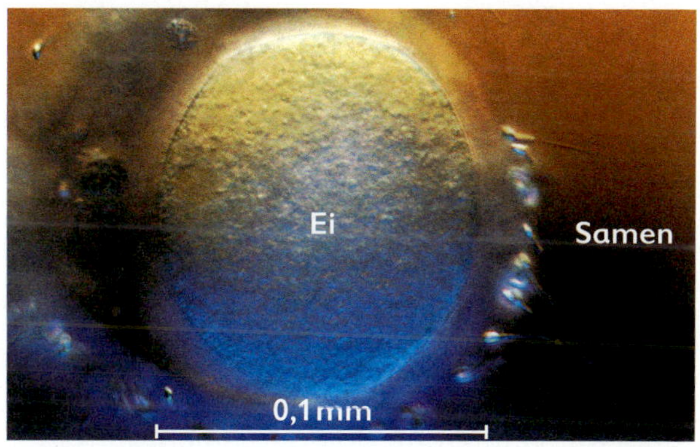

Das Ei im Bild ist stark vergrößert.

Wie lange muss das Baby in deinem Bauch bleiben?

In dieser Zeit bin ich 5 cm gewachsen. Georg aber ist schon 54 cm gewachsen.

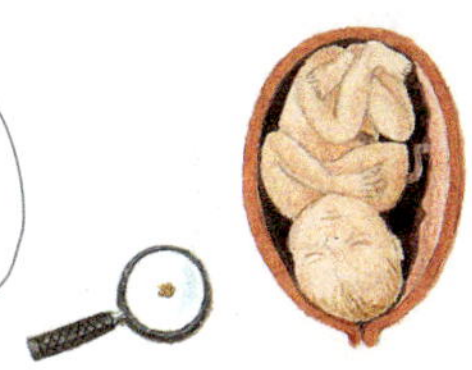

Es dauert 9 Monate, bis das kleine Menschenkind auf die Welt kommt.

Wie merkt man denn, dass das Baby auf die Welt will?

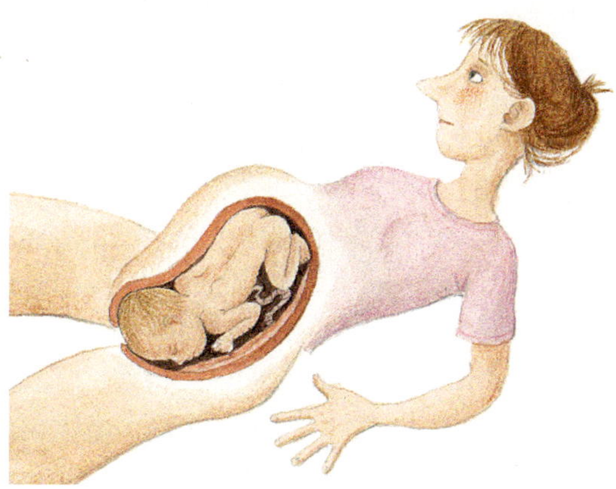

Wenn das Baby auf die Welt will, zieht sich die Gebärmutter mehrfach zusammen. Oft dauert eine Geburt viele Stunden. Ist der Kopf des Babys durch die Scheide gepresst, rutscht der kleine Körper hinterher.

Unser Leben mit Georg

David erzählt: Endlich ist Georg auf der Welt! Mama, Papa, Jule und ich freuen uns riesig und bestaunen das kleine Menschlein. Schon am ersten Tag hielt Georg meinen Finger fest.

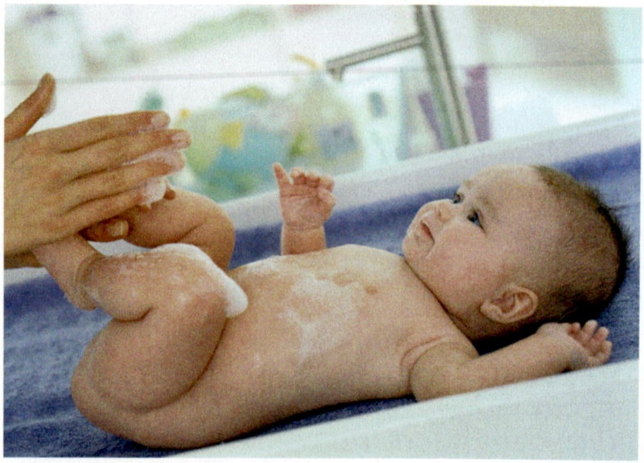

Das Baby wird gepflegt.

Wenn Georg satt und trocken ist und trotzdem weint, streichelt Mama ihn, schmust mit ihm und redet liebevoll auf ihn ein. Oder sie nimmt ihn in den Arm, wiegt ihn hin und her und singt ihm ein Lied vor. Und wenn das alles nicht hilft, bindet sich Mama ein Tragetuch um und trägt Georg mit sich herum. Das gefällt ihm sehr. Dann schläft er ein.

Mama erkennt, ob Georg vor Hunger weint, ob ihm sein Bäuchlein weh tut oder ob er weint, weil er sich allein fühlt. Mama bleibt ruhig. Sie sagt: „Alles ist neu für Georg. Er ist ja noch so klein und braucht von uns allen Liebe und Aufmerksamkeit."

Was ein Säugling braucht

S. 12

Wenn Georg vor Hunger weint, stillt ihn Mama, am Anfang alle 4 Stunden, sogar nachts. Langsam lernt er, dass nachts geschlafen und nicht getrunken wird. Als er mit 6 Monaten die ersten Zähnchen bekam, weinte Georg viel. In dieser Zeit hat er seinen ersten Brei gegessen, der hat ihm geschmeckt. Inzwischen ist Georg 72 cm lang und wiegt doppelt so viel wie bei seiner Geburt.

Nach jeder Mahlzeit wird Georgs Windel gewechselt. Dazu braucht man Feucht- und Öltücher, denn der Po darf nicht wund werden. Seit Georgs Bauchnabel abgeheilt ist, baden wir ihn 2- bis 3-mal in der Woche. Das mag er gern.
Zuerst haben wir noch kein Badeöl verwendet, damit er keine Allergien bekommt. Nach dem Baden pflegen wir seine Ohren und seine Nase mit einem weichen Tuch. Auf keinen Fall darf man Wattestäbchen dazu nehmen! Für Georgs Haare haben wir eine weiche Babybürste, mit der habe ich seine Kopfhaut leicht massiert.

Am Anfang war ich ein wenig eifersüchtig auf Georg. Aber als er mich das erste Mal anlächelte, war ich ganz glücklich.
Mit acht Wochen hat er schon mit mir erzählt, zuerst hat er gegurrt, später hat er Laute gesprochen und laut gelacht.
Als er drei Monate alt war, griff er nach dem Spielzeug, das ich ihm gab. Er hat es gleich in den Mund genommen.

1 Erkundige dich bei deinen Eltern über dein erstes halbes Lebensjahr. Sprich darüber.

S. 12

Rettungskette – Rettungsdienste

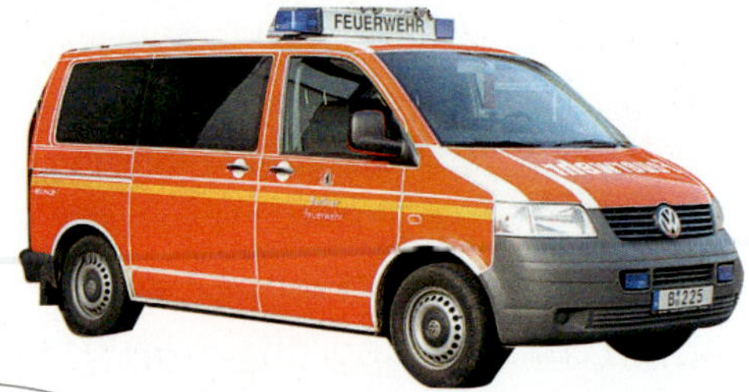

Bei Unfällen, Badeunfällen, Bränden, Bergunglücken oder medizinischen Notfällen ist schnelle Hilfe nötig. Dabei müssen Ersthelfer und Rettungsdienste gut zusammenwirken. Das nennt man Rettungskette.

Die Helfer am Unfallort helfen sofort. Sie lagern das verletzte Kind.

Ein Helfer setzt einen Notruf ab. Die Feuerwehr schickt einen Rettungswagen.

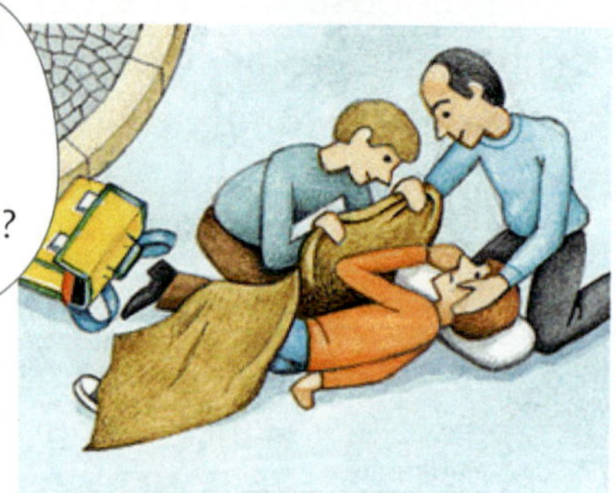

Andere Helfer leisten Erste Hilfe, sie wärmen und beruhigen das verletzte Kind.

Der Rettungsdienst bringt das Kind ins Krankenhaus. Notarzt und Sanitäter versorgen es.

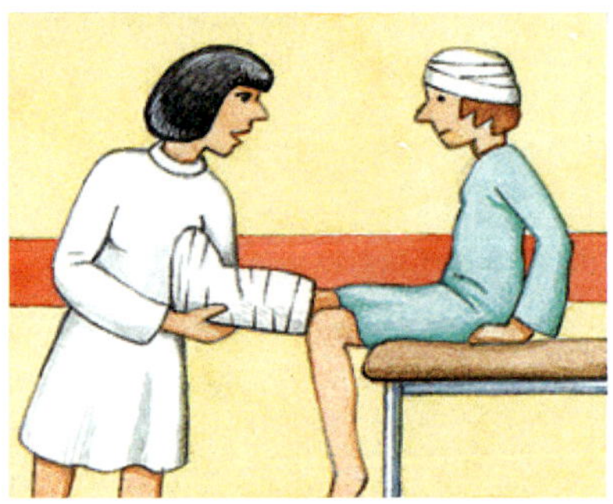

Im Krankenhaus stellen Ärzte fest, welche Verletzungen das Kind hat, und versorgen es.

1 Informiere dich über einen Rettungsdienst. Stelle seine Aufgaben vor.

Erste-Hilfe-Maßnahmen kennen;
Hilfsmaßnahmen der Rettungsdienste beschreiben

S. 4

Kreuz und quer durch unser Land

Kann man mit dem Boot von Berlin bis zur Ostsee fahren?
Gibt es nur eine Stadt Berlin auf der Welt?
Warum ist unser Bundesland eine Weltstadt?

1 Dorfkirche in Pankow
2 Altes Rathaus in Reinickendorf
3 Zitadelle mit Juliusturm in Spandau
4 Bockwindmühle in Marzahn
5 Schloss in Charlottenburg
6 Brandenburger Tor in Mitte
7 Fernsehturm in Mitte
8 Märchenbrunnen in Friedrichshain
9 Moschee in Wilmersdorf
10 Rathaus in Schöneberg
11 Tierpark in Lichtenberg
12 Ethnologisches Museum in Zehlendorf
13 Deutsches Blindenmuseum in Steglitz
14 Trümmerfrau in Neukölln
15 Archenhold-Sternwarte in Treptow
16 Kunstgewerbemuseum in Köpenick

Unser Land Berlin im Überblick

Berlin liegt mitten in Brandenburg.
Die Stadt grenzt *im Norden, Süden, Osten und Westen* an das Bundesland Brandenburg.
Fläche 892 km²
Einwohnerzahl 2010 3 450 900

Berühmte Sehenswürdigkeiten

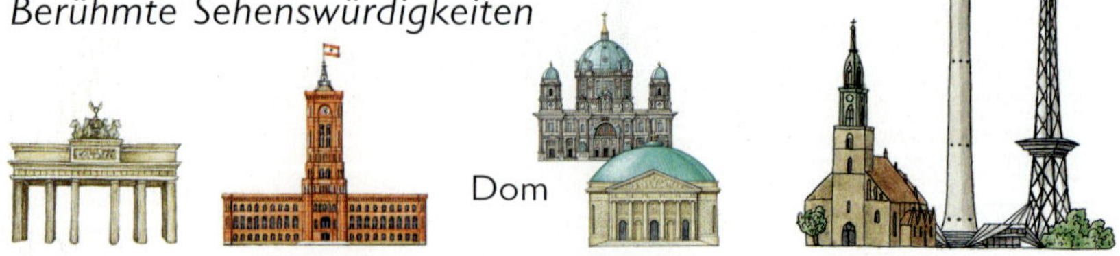

Höchste Erhebungen Großer Müggelberg (115 m)
Teufelsberg (120 m – Trümmerberg aus Schutt)
Ahrensfelder Berge (114 m, Landschaftspark Wuhletal)
Flüsse und Kanäle Spree, Havel, Panke, Wuhle, Dahme, Teltowkanal, Landwehrkanal
Seen Großer Müggelsee, Tegeler See, Langer See, Großer Wannsee, Seddinsee, Zeuthener See

Wappen Bären waren neben dem brandenburgischen Adler schon im Jahr 1280 auf einem Stadtsiegel zu sehen. Heute zeigt das Berliner Wappen einen aufrecht stehenden schwarzen Bären mit roten Krallen und roter Zunge. Die Krone aus Laub und Mauerwerk bedeutet, dass Berlin zugleich Stadt und Land ist.

Die rot-weiße Flagge mit dem Bären ist seit 1990 die Landesflagge Berlins.

Flagge Sie besteht aus zwei schmalen und einem breiten Längsstreifen in den Farben Rot-Weiß und dem Bären. Die Farben zeigen die Lage Berlins in Brandenburg und die geschichtliche Verbindung beider Länder. Brandenburgs Farben sind ebenfalls Rot und Weiß.

Landesname Woher der Name kommt, ist nicht klar. Vielleicht von dem slawischen Wort „brl“ oder „brlo“? Das bedeutet „Sumpf“ oder „Morast“. Mit der Endung „in“ könnte der Name ursprünglich heißen: trockener Platz in einem sumpfigen Gelände.
Dort bauten die ersten Siedler Berlins ihre Häuser und begannen mit Waren zu handeln.

1 Gestalte einen Kurzvortrag zu deinem Land.

AH S.19–22
S. 13

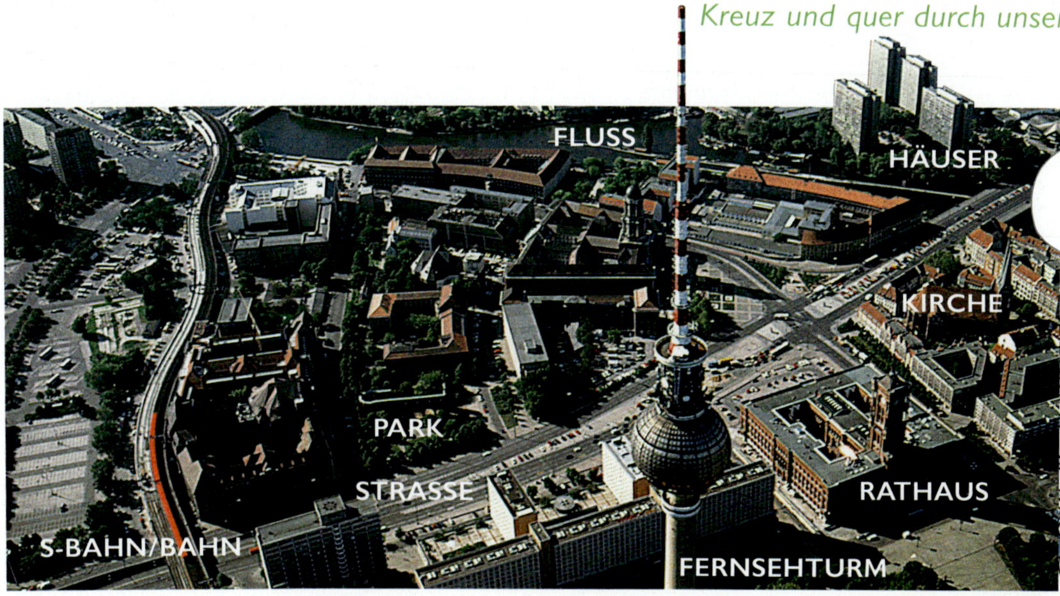

Landschaften Mächtige Gletscher der Eiszeiten und die Ströme des Schmelzwassers formten die Landschaft:

- das Urstromtal, in dem heute die Spree fließt und an deren schmalster Stelle Berlin und Cölln entstanden,
- Hochebenen, wie Barnim, Teltow, Nauener Platte,
- Seenlandschaft der Havel mit dem Tegeler See und dem Großen Wannsee.

Menschen nutzen Landschaften

flaches Land, Hochebenen	→	Wohnhäuser, Werksgelände, Verkehrswege, Kulturstätten, Kaufhäuser, Krankenhäuser
Grünflächen	→	Freizeit, Gärten, Parks, Tierparks, Landwirtschaft
Flüsse, Seen	→	Verkehrswege, Fischfang, Wassersport, Erholung

Geschichte 1157 wurde die Mark Brandenburg gegründet. Dörfer, wie Cölln und Berlin, entstanden. Jahrhunderte später wurde Berlin Residenzstadt brandenburgischer Markgrafen und Kurfürsten, der Könige von Preußen und Hauptstadt des Deutschen Reiches. Viele Einwanderer kamen: aus Frankreich, Böhmen, Polen und Salzburg. Kunst, Wissenschaft und Kultur entwickelten sich. Berlin wuchs zur Millionenstadt.
Heute leben hier Menschen aus 190 Staaten. Seit 1991 ist Berlin Hauptstadt der Bundesrepublik Deutschland. Hier arbeiten die Regierung und das Parlament.

Aus der Geschichte

1237 Cölln an der Spree wird erstmals urkundlich genannt.

1244 Erstmals wird Berlin in einer Urkunde erwähnt.

1709 Aus 6 Städten entsteht die königliche Residenzstadt Berlin.

1838 Erste Eisenbahn Berlin – Potsdam

1844 Der Berliner Zoo wird eröffnet.

1881 Das erste Telefonnetz mit 45 Teilnehmern geht in Betrieb.

1895 Im „Wintergarten“ findet die erste Filmvorführung statt.

1923 Der Rundfunk Berlin strahlt die erste Sendung aus.

1961 Die DDR baut um den Westteil der Stadt eine befestigte Grenze, die „Mauer“ teilt nun die Stadt.

1989–1990 Die Mauer wird abgebaut, Berlin ist wieder eine geeinte Stadt.

Mit der Landeskarte arbeiten

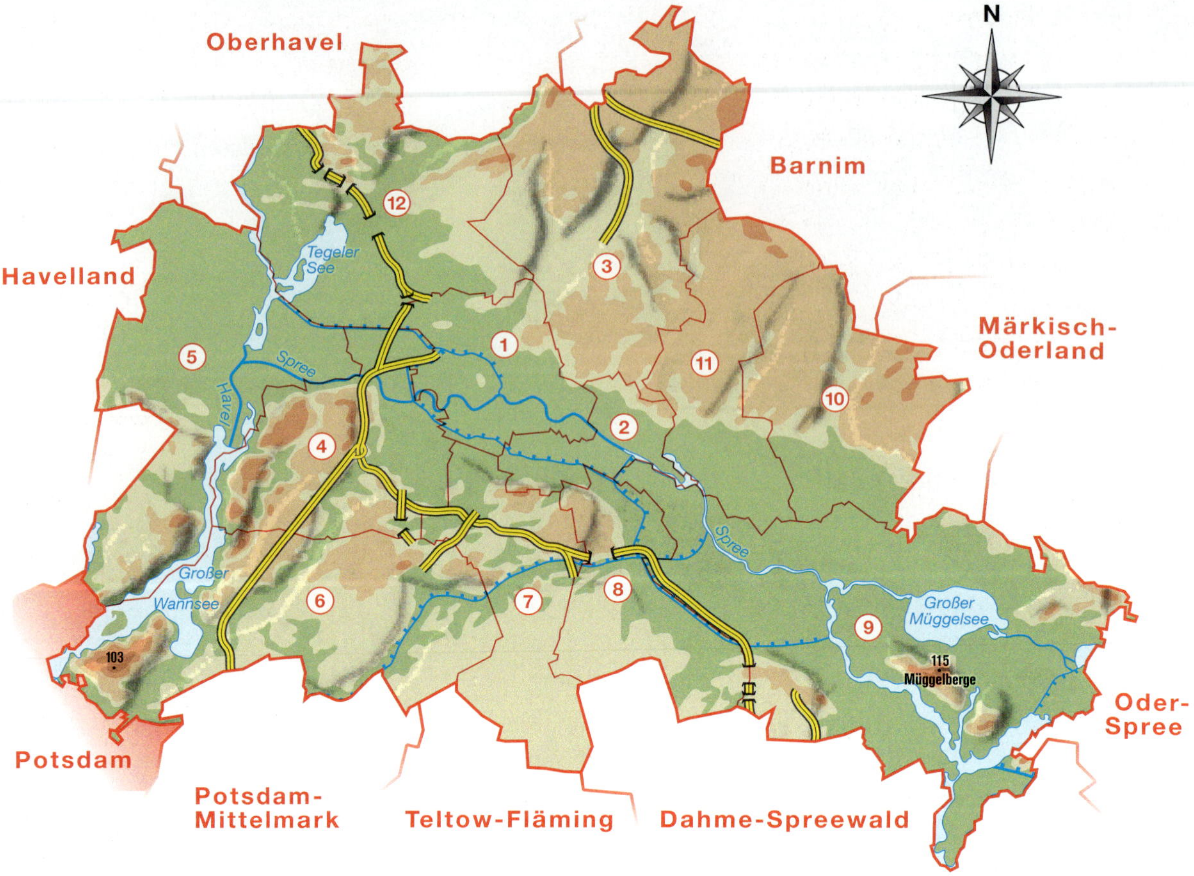

Berliner Bezirke

(1)	**Mitte**	(7)	**Tempelhof-Schöneberg**
(2)	**Friedrichshain-Kreuzberg**	(8)	**Neukölln**
(3)	**Pankow**	(9)	**Treptow-Köpenick**
(4)	**Charlottenburg-Wilmersdorf**	(10)	**Marzahn-Hellersdorf**
(5)	**Spandau**	(11)	**Lichtenberg**
(6)	**Steglitz-Zehlendorf**	(12)	**Reinickendorf**

Landhöhen
- über 75 m
- 60 m–75 m
- 50 m–60 m
- 40 m–50 m
- unter 40 m

• 115 Höhenpunkt mit Höhenzahl

- Landesgrenze
- Bezirksgrenze
- Barnim Landkreis
- Stadt

- Fluss
- Kanal
- See

- Autobahn
- Autobahntunnel

0 3 6 km

Karten als vereinfacht, verkleinert und verebnet erkennen; Karten lesen, interpretieren, sich damit orientieren; Oberflächenformen beschreiben

AH S. 20–22

Eine Landkarte ist eine verkleinerte, vereinfachte und verebnete Aufsicht auf das ganze Land. Was dort wirklich ist, zeigt die Karte in einer Bildersprache – mit Farben und Zeichen.

Eine Legende erklärt die Farben und Zeichen:

- Grenzen sind als rote Linien zu sehen.
- Gelbe Streifen kennzeichnen Autobahnen.
- Die Kreise mit Nummern stehen für die Bezirke. Ihre Namen findest du in der Legende.
- Gewässer erkennst du als blaue Linien oder Flächen.

Die Lage von Bezirken, Gewässern, Hügeln … kannst du mit Hilfe der Himmelsrichtungen oder auch nach den Farben der Landhöhen beschreiben. Auf der Karte erkennst du die Bezirke des Landes Berlin und ihre Grenzlinien. Die Ausdehnung der Bezirke kannst du mit Hilfe des Maßstabs messen.

1 Arbeitet zu den Aufgaben **A–E** mit der Karte. Wählt Aufgaben aus oder erfindet selbst noch welche. Notiert eure Ergebnisse und präsentiert sie.

A Benennt die Lage eures Heimatbezirks in Berlin. Vergleicht Bezirke: ihre Größe, ihre Lage, die Höhenlage, die Anzahl der Nachbarbezirke.

B Berlin ist in Bezirke gegliedert. Das Land grenzt an ein anderes Bundesland. Zeigt Grenzen und benennt das benachbarte Bundesland und Nachbarbezirke.

C Wo liegen Hügel oder Hochebenen? Umfahrt die Flächen mit dem Finger und beschreibt ihre Lage.

D Welche Arten von Gewässern sind auf der Karte zu sehen?

E Vergleicht zwei Seen: ihre Lage in Berlin, in welchem Bezirk sie sich befinden, …

Mit der Landeskarte arbeiten

- Betrachte die Karte.
- Lies in der Legende, was die Farben und Zeichen bedeuten.
- Wähle eine Farbe und ein Zeichen aus.
- Finde sie auf der Karte.
- Erkläre, was sie dir sagen, zum Beispiel:
  – zur Landschaft,
  – zu dem Gewässer,
  – zum Verkehrsweg,
  – zur Entfernung zwischen Bezirken,
  – zur Lage eines Bezirks,
  – …

Karten als vereinfacht, verkleinert und verebnet erkennen; Karten lesen, interpretieren, sich damit orientieren; Oberflächenformen beschreiben

AH S. 20–22

Porträt der Stadt Berlin

Die Dörfer Berlin und Cölln und viele Nachbardörfer entwickelten sich über eine lange Zeit zu Städten.
Es wurde viel gebaut: Kirchen, Wohnhäuser, Straßen, Kanäle, Brücken, Türme, aber auch Fabriken, Verkehrswege, Schulen, Universitäten, Museen, Theater und Krankenhäuser. 1920 schlossen sich Berlin, sieben Städte, 59 Dörfer und 27 Gutsbezirke zu Groß-Berlin zusammen. Berlin hatte nun 3,8 Millionen Einwohner. Die Menschen zogen dorthin, um Arbeit zu finden. Berlin wurde ein bedeutendes Zentrum von Wissenschaft und Kultur.
Heute ist die Großstadt Berlin Hauptstadt der Bundesrepublik Deutschland und zugleich ein kleines Bundesland.

★ Warum wird Berlin auch „Venedig des Nordens" genannt?

DIE NIKOLAIKIRCHE

Die Nikolaikirche ist die älteste Berliner Kirche. Der erste Bau begann um 1230. Sie steht im Nikolaiviertel, im Mittelpunkt der alten Stadt Berlin.

BERLIN-INFORMATION

Das Siegel Berlins 1338–1448

- Hauptstadt der Bundesrepublik Deutschland an Spree und Havel
- Fläche: 892 km²
- 12 Bezirke
- Einwohnerzahl 2010: 3 450 900
- 10 Seen, 5 Flüsse
- www.berlin.de

AH S. 23–25 S. 13

In der Hauptstadt hat das Parlament der Bundesrepublik Deutschland, der Bundestag, seinen Sitz. Die Bürger wählen die Abgeordneten für vier Jahre.
Der Bundestag beschließt und ändert Gesetze. Er wählt den Bundeskanzler oder die Bundeskanzlerin, kontrolliert die Regierung und genehmigt Verträge mit anderen Staaten.

Hier berät der Bundestag über den Staatshaushalt, die Wirtschaft, die Bildung, die Renten …

Naturkundemuseum: Dinosaurier betrachten

Planetarium am Insulaner: Sterne beobachten

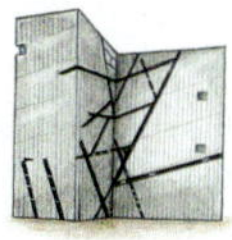

Jüdisches Museum: sich zur Geschichte informieren

Fahrgastflotte: Schiffsfahrten auf Flüssen, Seen, Kanälen

Besucher können den Beratungen von einer Tribüne zuhören. Andere genießen den Ausblick von der gläsernen Kuppel.

VON DEN ANFÄNGEN DER STADT

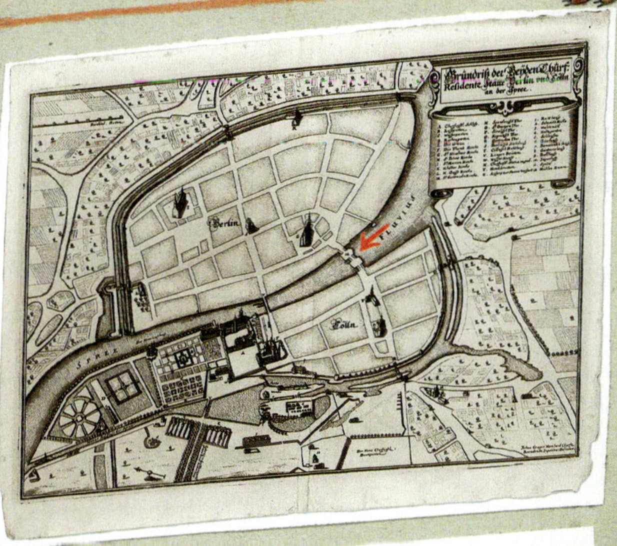

Dieser Stadtplan von 1653 zeigt:
An einer besonders flachen Stelle der Spree
und an der Kreuzung wichtiger Handelsstraßen
entstand im Mittelalter die Doppelstadt
Berlin/Cölln.

Einen Flyer gestalten

- Sammelt Material über Berlin.
- Faltet den Flyer.
- Legt eine Seitenfolge fest: Titel, Geschichte, die Stadt heute … oder: der Flyer als Zeitleiste.
- Wählt Fotos aus, schreibt Texte.
- Gestaltet den Flyer mit eurem Material.

1 Halte mit Hilfe deines Flyers einen Kurzvortrag.

Unterwegs in Berlin …

Nach Berlin kommen viele Touristen, um die Stadt und ihre Sehenswürdigkeiten zu sehen oder große Veranstaltungen zu erleben. Die Gäste sind gern gesehen. Sie essen und trinken in der Stadt, besuchen Konzerte, Theater und Museen, kaufen Reiseandenken. Das ist gut für Taxifahrer, Restaurantbesitzer, Händler …

1 Berichte: Wohin gehen Touristen in eurem Bezirk?

Das Brandenburger Tor wurde 1788–1791 aus Sandstein erbaut. Es war damals eines von 14 Stadttoren.
Am 13. August 1961 ließ die Regierung der DDR eine Mauer bauen, die den Westen Berlins vom Osten trennte.
Das Tor war Teil der Grenze. 1989 führten in der DDR viele Demonstrationen dazu, dass die Grenze und das Tor wieder geöffnet wurden. Heute ist es ein Berliner Wahrzeichen und Symbol für die überwundene Teilung der Stadt.

Die Straßenkreuzung am Potsdamer Platz war einst die verkehrsreichste in Europa. Im geteilten Berlin waren dort fast alle Häuser abgerissen, der Platz war streng bewachtes Grenzgebiet.
Heute erheben sich hier moderne Hochhäuser mit Büros, Wohnungen und Hotels. Berliner und ihre Gäste besuchen Theater, Kinos, Restaurants, Einkaufsstraßen, das Filmmuseum und Parks. Jedes Jahr findet hier das Filmfest „Berlinale“ statt.

2 Sammelt Material über den Neuaufbau des Potsdamer Platzes. Gestaltet eine Ausstellung.

Räume differenziert wahrnehmen, erfassen und beschreiben;
Geschichte untersuchen, historische Aspekte betrachten

S. 4, S. 5, S. 13

… zu vielen Sehenswürdigkeiten

Der 1969 gebaute Berliner Fernsehturm ist 368 m hoch und das höchste Bauwerk in Deutschland. 1,2 Millionen Besucher schauen jährlich von der Kugel aus auf die Sehenswürdigkeiten der Stadt. Bis zur Aussichtsplattform in 203 m Höhe fährt man mit dem Fahrstuhl 40 Sekunden. In 207 m Höhe befindet sich das Telecafé, das sich langsam dreht. Die 118 m hohe Antenne nutzt man für Fernseh- und Rundfunkübertragungen.

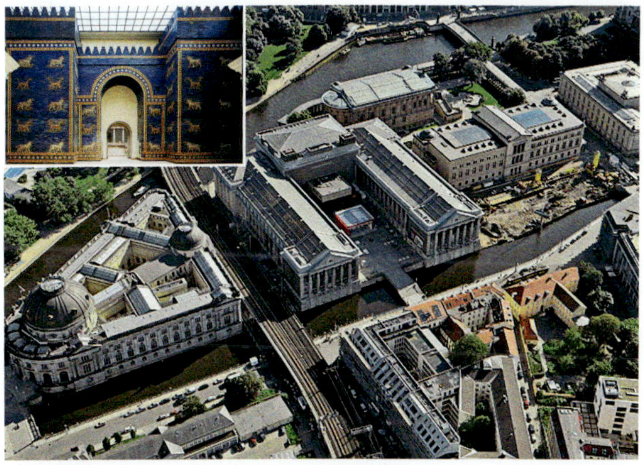

Die Museumsinsel mit ihren fünf Museen gehört zum UNESCO-Weltkulturerbe. Hier sind viele Schätze aus alter Zeit zu sehen: Teile des über 2200 Jahre alten Pergamon-Altars aus Marmor, das Ischtar-Tor der geheimnisvollen Stadt Babylon mit bunten Glasursteinen, Bilder alter und neuer Meister der Malerei oder alte griechische und römische Kunstwerke. Berühmt ist die ägyptische Skulptur der schönen Königin Nofretete.

Die Zitadelle Spandau, der stark ausgebaute Teil der Festung, wurde ab 1560 in 34 Jahren errichtet. Er diente lange zur Verteidigung der Stadt. Den Juliusturm gab es schon früher. Heute zeigt ein Museum die Geschichte der Zitadelle und der Stadt Spandau. Das alte Gemäuer ist Winterquartier für über 10 000 Fledermäuse. Im Fledermauskeller erfährt man, wie diese Tiere leben, wie sie sich beim Fliegen orientieren und wie nützlich sie sind.

3 Finde die Namen der fünf Museen auf der Museumsinsel heraus. Stelle ein Museum genauer vor, das dich interessiert.

Unterwegs in unserer Stadt …

Die „grünen Oasen" Berlins – Parks, Gärten und Wälder, wie Grunewald, Tegeler Forst, Plänterwald oder Müggelberge, verbessern das Stadtklima, bieten Pflanzen und Tieren Lebensräume und vielen Berlinern Erholung.

Der Botanische Garten zeigt Pflanzen aus aller Welt: Wasser- und Sumpfpflanzen, Kakteen und Orchideen.

Im Erholungspark Marzahn laden Liegewiesen, Spielplätze, Beete und Brunnen zur Erholung ein. Die Gärten der Welt aus China, Japan, Bali, Italien, Korea, ein orientalischer Garten und ein Klostergarten sowie englische und französische Irrgärten zeigen vielfältige Gartenkunst.

Der Chinesische Garten wurde mit Brücken, Teehäusern, Hügeln, Mauern, Steinen, Teichen und verschiedenen Pflanzen angelegt.

Unsere Stadt erkunden

- Notiert interessante Themen auf Zetteln.
- Sortiert sie nach Schwerpunkten.
- Bearbeitet Themen in Gruppen.
- Präsentiert eure Ergebnisse:
  – in Sammelordnern,
  – als Ausstellung,
  – in Vorträgen oder
  – im Internet.

Interessante Themen finden

- Jeder schreibt auf kleine Kärtchen, was ihn interessiert, zum Beispiel:
  – Ferien in der Stadt
  – Geschichte der Stadt
  – Regierungsviertel
  – Brücken in der Stadt
  – Wo die Mauer war
  – Wo Leute arbeiten
  – Stadtteile/Kieze
  – Geschichte der Gärten
  – Berühmte Leute
  – Wie Seen entstanden
  – Sagen aus Berlin

Räume differenziert wahrnehmen, erfassen und beschreiben;
Zusammenhang Naturfaktoren – Nutzung erkennen

AH S. 27–29

… durch Gärten und Parks

Ein Thema bearbeiten

- Notiert Fragen.
- Sammelt Fotos, Postkarten, Karten, Bücher, Informationen: im Internet, bei Gesprächen mit Einwohnern, in der Bibliothek, im Museum … Macht dazu Notizen.
- Schreibt Texte, fotografiert und zeichnet.
- Präsentiert eure Ergebnisse: als Poster, in Sammelordnern …

Der älteste Garten in Berlin ist der Lustgarten. Zuerst wurden dort Küchenkräuter und Obstbäume angebaut, später Pflanzen aus fernen Ländern: Gewürze, sogar Tomaten und Kartoffeln als Zierpflanzen. Es gab schon Hecken, Vogelkäfige, Skulpturen, Laubengänge und Springbrunnen, umgeben von 1000 Linden und Nussbäumen. Hier „lustwandelte“ die vornehme Herrschaft des Königshofes, bis schließlich alle Bürger hinein durften. Eine Weile bedeckte nur Sand den Platz, auf dem die Soldaten des Königs das Marschieren übten. Später entwarf der Baumeister Carl Friedrich Schinkel hier ein Ensemble mit Grünanlagen, Springbrunnen, der Schlossbrücke, einem Dom und einem Museum.

Carl Friedrich Schinkel (1781–1841)

Heute ist der Lustgarten eine Oase für Berliner und Touristen. Das Alte Museum gibt es noch, der Dom wurde später neu gebaut.

Die Granitschale, gehauen aus einem Findling, ist 7 m breit.

Unterwegs in Berlin – Stadt der Kultur

In Berlin leben Menschen aus 190 Ländern. 450 000 Zuwanderer aus Europa, Amerika, Australien, Asien oder Afrika leben hier. Viele lernen und arbeiten in Schulen, Universitäten, in Restaurants und Geschäften, auf Märkten, in Apotheken, in Theatern, in Sportclubs … Jährlich zu Pfingsten zieht der Karneval der Kulturen der Welt eine Million Zuschauer an. Ob bei Straßenfesten für Groß und Klein, beim Kinderkarnevalsfest oder beim großen Karnevalsumzug, überall zeigen die Einwohner Berlins ihre Kultur: bunte Kostüme, fantasievoll gestaltete Festwagen, Kunsthandwerk, Musik, Tanz und Kochkunst aus aller Welt.

1 Erkundet eure Umgebung. Wo findet ihr im Alltag die Kulturen der Welt?

★ Erkundet Rezepte von Speisen, wie:
- Dolma (Türkei)
- Kuskus (Nordafrika)
- Pita (Griechenland)
- Taboulé (Libanon)
- Quindim (Brasilien)

Jeder findet in Berlin Kultur für sich: Wer Theater mag, besucht Aufführungen in drei Opernhäusern oder in 150 großen und kleinen Theatern. Kinder besuchen gern das Kindertheater „Grips“, das „Theater an der Parkaue“ oder das „Berliner Puppentheater“.
Wer Musik hören oder eine Show sehen will, geht in Konzerte, in eine Revue im Friedrichstadtpalast oder zu einem der Musik-, Theater- und Tanzfestivals. Zahlreiche Kunstausstellungen ziehen Besucher an. Sehr beliebt sind die „Langen Nächte“. Gäste lernen dabei Museen, Opern, Theater, Bibliotheken der Stadt, aber auch Freizeitangebote für Familien oder Wissenschaften kennen. Auch ein begehbares Herz war zu sehen.

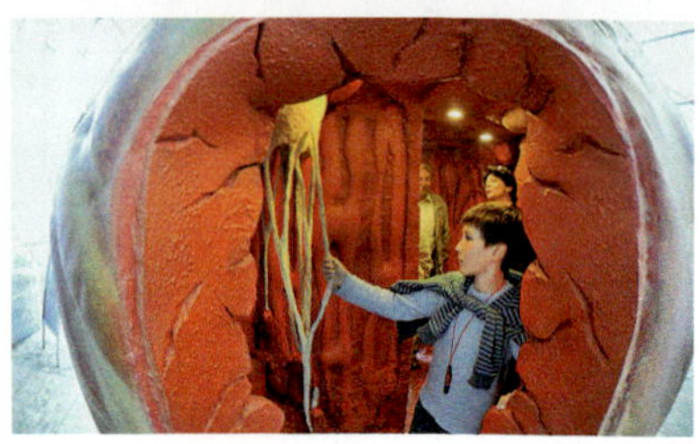

Viele Berliner sind Anhänger der vier großen Religionen der Welt: Christen, Juden, Muslime und Buddhisten. Wichtige Regeln dieser Religionen sind:

2 Vergleiche diese Regeln der Weltreligionen.

Judentum
Moses überbrachte Juden und Christen Gottes Gebote, wie:
Du sollst nicht töten.

Christentum
Jesus lebte und predigte das Gebot:
Liebe deinen Nächsten, er ist wie du.

Islam
Den Muslimen gebietet ihr Gott Allah,
nicht schlecht voneinander zu reden.

Buddhismus
Millionen Menschen in Asien folgen der Lehre Buddhas:
Liebe alle Lebewesen.

Die Gotteshäuser, in denen die Gläubigen ihren Gott oder ihr großes Vorbild Buddha verehren, unterscheiden sich.

Synagoge in der Oranienburger Straße – ein Gotteshaus der Juden. Ihre grüngoldene Kuppel ist weithin zu sehen.

Moschee am Columbiadamm – ein Gotteshaus der Muslime. Daneben liegt der Friedhof der Gemeinde.

Buddhistisches Haus in Frohnau – ein Tempel der Buddhisten. Treppen führen den Hügel hinauf. Es gibt eine Bibliothek.

Christliche Gotteshäuser in Berlin sind der Berliner Dom, die Sankt-Hedwigs-Kathedrale und zahlreiche Kirchen. Hier treffen sich Christen zu Gottesdiensten: zur Taufe der Kinder, zur Heirat, zum Gedenken an Verstorbene.

Unterwegs hier zu Lande und zu Wasser

Berlin ist gut zu erreichen: auf Straßen, auf Schienen, auf Flüssen, Kanälen und auf dem Luftweg.
Das ist nicht nur für die Bevölkerung und die Besucher Berlins wichtig. Auch für die Berliner Firmen ist eine gute Verkehrsanbindung notwendig.
Auf Berlins Verkehrswegen wird die Stadt mit Lebensmitteln, Waren und Rohstoffen versorgt, und auch ihr Müll wird weggefahren.
Fünf Autobahnen verbinden Berlin mit anderen Teilen Deutschlands. Alle Autobahnen münden in den Autobahnring um Berlin. Er ist insgesamt 196 km lang. Von dort gelangt man von allen Seiten schnell in die Stadtteile.

In Berlin gibt es die Stadtautobahn und viele große und kleine Straßen. Doch die Probleme mit dem Straßenverkehr nehmen zu: Es gibt zu viele Fahrzeuge, zu wenige Parkplätze, viel Lärm und starke Luftverschmutzung.
Viele Berliner nutzen deshalb auch öffentliche Verkehrsmittel: S-Bahn, U-Bahn, Tram, Bus und Fähre.
Immer mehr Menschen fahren auch mit dem Fahrrad.
Die Eisenbahnverbindungen von und nach Berlin wurden seit 1990 erneuert und verbessert. Für den Personenverkehr wurden viele Bahnhöfe umgestaltet.

1 Arbeitet mit der Verkehrskarte. Formuliert Aussagen.

Landwege

Schienen

Straßen

Wasserwege

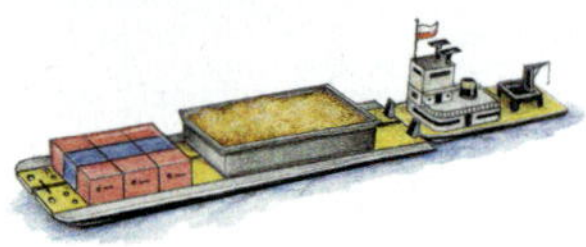

Luftwege

Erste Buslinien gab es 1846. Nach 1865 entwickelte sich auch ein Straßenbahnnetz. In Groß-Lichterfelde, damals „bei Berlin“, fuhr 1881 die erste „Elektrische“ der Welt. Die Stadt wuchs rasch: die Hoch- und U-Bahn entstand, die Stadtbahn wurde ausgebaut und elektrifiziert.
Seit 1929 betreibt die Berliner Verkehrsgesellschaft (BVG) einen großen Teil des Öffentlichen Personennahverkehrs – Straßenbahnen, Busse und U-Bahnen.

★ Informiert euch über die Geschichte der Busse, Straßenbahnen und U-Bahnen in Berlin. Berichtet davon.

2 Sucht Verkehrsverbindungen von eurer Schule zum Berliner Zoo. Notiert Fahrstrecken und Fahrpreise.

Die Deutsche Bahn betreibt in Berlin 13 S-Bahn-Linien, darunter zwei Ringbahnen. Ins Umland Berlins fahren Regionalbahnen, in die anderen Länder der Bundesrepublik und ins Ausland Fernzüge.

3 Plant eine Exkursion ins Berliner Umland. Informiert euch über Fahrverbindungen und Kosten.

Die Binnenschifffahrt in Berlin wächst schnell. Sie transportiert Kohle, Ölprodukte, Baustoffe, Dünger und chemische Produkte. Containertransporte nehmen zu. Die wichtigste Wasserstraße von und nach Berlin führt über Havel, Elbe-Havel-Kanal und Mittellandkanal zu den Flüssen Elbe, Weser und Rhein bis zur Nordsee.

4 Warentransporte auf dem Wasser sind umweltfreundlich. Diskutiert dazu und begründet.

Den Flugverkehr von und nach Berlin bewältigen heute die Flughäfen Schönefeld und Tegel. Den ältesten und kleinsten Flughafen Berlins, Tempelhof, nutzen heute viele Anwohner als Freizeitgelände. 2012 wird der neue Flughafen Berlin Brandenburg (BER) fertig gestellt.

5 Informiert euch über Flugverbindungen in die Welt.

Wo Menschen in Berlin arbeiten

Handwerk Einzelhandel Dienstleistung

Dienstleistungen

Die Stadt lebt nur, wenn viele Menschen etwas füreinander tun: Produkte herstellen, den Alltag organisieren, Menschen versorgen: viele sind Dienstleister – Fachverkäuferinnen, Wachpersonal, Apothekerinnen, Kuriere, Köchinnen, Lieferanten der Warenhäuser …
Berliner arbeiten in Kliniken, in Theatern und Museen, in Ministerien, in Banken und Versicherungen. Viele Service-Firmen reparieren Computer oder entwickeln Computerprogramme. Bei Dienstleistern entstehen auch immer wieder neue Berufe, wie Mechatroniker, Kommunikations-Elektronikerin, Medienkaufmann oder Kauffrau für Sozialwesen.

1 Erkundet in der Umgebung: Wo gibt es Dienstleister? Zeichnet ihre Standorte in eine Planskizze ein. Informiert euch über sie.

Wissenschafts-Standort

In etwa 100 Forschungsstätten – Universitäten, Hochschulen, Fachhochschulen – studieren, arbeiten und forschen etwa 200 000 Studenten und Wissenschaftler, viele auch aus dem Ausland. Sogar Mädchen und Jungen hören Vorlesungen an „Kinder-Unis" zu Themen, wie: „Vampire – Wo kommen sie eigentlich her?" oder „Steingeld, Gold, Papier und die Banken". Im Wissenschafts- und Technologiepark Adlershof forschen Wissenschaftler zu neuen Technologien, zum Beispiel, wie man Kunststoffe trennt und sortiert, um sie anschließend recyceln zu können, oder wie man Häuser baut, die nur wenig Energie verbrauchen.

2 Wo wird in eurem Bezirk gelehrt, gelernt und geforscht? Stelle eine Bildungseinrichtung vor. Informiere dich auch über die Kinder-Uni.

Solarzellen machen aus Sonnenlicht Strom.

Auf der Berlinale: Ein Kinderfilmfest.

Verkehr Handel Technologie

Produktion

Berlin war früher eine der größten Industriestädte in Deutschland. Seit Jahrzehnten produzieren hier bekannte Firmen. In Spandau werden Motorräder hergestellt – 2011 lief das zweimillionste Rad vom Band. Seit 1871 werden Arzneimittel produziert, heute vor allem im Bezirk Wedding.
In Tempelhof werden jährlich etwa 30 000 Tonnen Kekse gebacken.
Auch neue Industrien siedeln sich an.
In Gesundbrunnen produziert eine Firma mit modernen Anlagen Döner Kebab.
In Adlershof stellt ein großes Solarunternehmen Solarmodule und Solargroßkraftwerke her. Damit wird Strom aus Sonnenlicht gewonnen.

3 Notiert:

- Firmen, die in Berlin produzieren,
- Produkte, die sie herstellen.

Beschreibe den Nutzen eines Produktes.

Medien-Stadt

Film, Fernsehen, Rundfunk, Verlage und Druckereien für Zeitungen, Zeitschriften und Bücher sind in Berlin zahlreich vertreten. Nachrichtenagenturen und Korrespondenten berichten aus der Stadt in alle Welt. Hier haben auch alle großen Fernsehsender ihre Studios.
In und über Berlin wurden mehrere TV-Serien gedreht. Weil es hier interessante Drehorte gibt, wurde die Stadt zu einem großen Film-Standort in Deutschland.
Viele Firmen und Verlage produzieren elektronische Medien:
Hörbücher, elektronische Bücher, Foto-CDs, Hör-CDs Videos, DVDs oder CD-ROMs, zum Beispiel mit Lernprogrammen.

4 Befrage Erwachsene:

- wo sie sich zum Berliner Tagesgeschehen informieren,
- ob sie sich durch die Medien gut informiert fühlen.

Lebensmittel für Berlin

Berliner brauchen viele Lebensmittel: Backwaren, Obst, Gemüse, Fisch, Fleisch, Milch, Mehl- und Milchprodukte, Gewürze, Süßwaren, Getränke ... Die Fläche Berlins wird nur zu einem sehr kleinen Teil landwirtschaftlich genutzt, meist als Ackerfläche. Hier wird Roggen, Triticale, Hafer, Weizen und Gerste angebaut, zwischendurch auch Raps. Auf besseren Böden wachsen Kohl, Zwiebeln, Spinat und viele frische Kräuter. Es gibt nur wenige Nutztiere. Aus dem Nachbarland Brandenburg werden einige Produkte frisch in Berlin verkauft und andere weiterverarbeitet: Obst, Gemüse, Milch, Fleisch.
Die meisten Produkte kommen aber von weit her: zum Beispiel Brötchenteiglinge aus Asien, Nudeln aus Italien, Salami aus Ungarn, Honig sogar aus dem über 1000 km entfernten Chile.

Flächennutzung in Berlin 2009

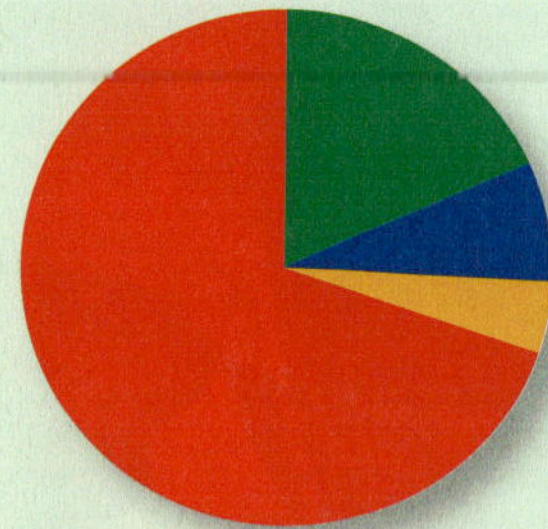

Siedlungen, Straßen Wald
Wasser Landwirtschaft

1 Erkunde, welche Lebensmittel aus Brandenburg deine Familie isst.

Auf Wochenmärkten erhält man frische Ware: Kirschen und Äpfel aus Werder, Spargel aus Beelitz, Gurken aus dem Spreewald, Erdbeeren, Salat, Kohl oder Möhren, aber auch Fleisch und Fisch aus Berlin und dem Berliner Umland.

Im Supermarkt sind Lebensmittel oft verpackt und verarbeitet: Obst, Fertiggerichte, Konserven, Mehlprodukte, Getränke aller Art, Tiefkühlkost, Eis. Viele Produkte kommen aus weit entfernten Ländern nach Berlin.

In manchen Geschäften werden nur bestimmte Lebensmittel verkauft. Bäckereien bieten frisch gebackene Brotsorten, Brötchen, Kuchen, Torten oder Gebäck aus verschiedenen Getreidesorten an: Roggen, Weizen, Dinkel ...

Immer mehr Menschen wollen heute schmackhafte Lebensmittel essen, die auch die Gesundheit fördern. Sie achten auf das Bio-Gütesiegel auf Lebensmitteln. Es bedeutet, dass beim Anbau der frischen oder verarbeiteten Pflanzen keine Pflanzenschutzmittel oder Kunstdünger und kein Abwasserschlamm eingesetzt wurden. Die Tiere, von denen das Fleisch angeboten wird, wurden ohne Medikamente aufgezogen und ohne Mittel, die ein schnelles Wachstum fördern.

Gütesiegel für Lebensmittel

Bio nach EG-Öko-Verordnung

Siegel für ökologisch hergestellte Lebensmittel

S. 7

Nutztiere halten – aber wie?

Biobauern müssen die Tiere tiergerecht und umweltverträglich halten.

Die Tiere haben genug Auslauf. Das stärkt sie gegen Krankheiten. Zelte dienen als trockene Liegeplätze.

Im Stall gibt es Auslauf- und Liegeplätze.

Die Tiere bekommen keine Mittel, um schneller zu wachsen. Für kranke Tiere verwendet man pflanzliche Heilmittel und nur in Notfällen Medikamente.

Bioschweine fressen Stroh, Heu, frisches Gras und bekommen zusätzlich Kraftfutter.

Ferkel bekommen etwa 40 Tage Milch von der Muttersau.

Vorteile der ökologischen Tierhaltung

- tiergerechte Haltung der Tiere
- Käufer erkennen Bioware am Gütesiegel, an genauen Herkunftsangaben und am Markenzeichen
- Erzeugnisse von sehr guter Qualität

Nachteile der ökologischen Tierhaltung

- geringe Anzahl gehaltener Tiere, hohe Kosten für Futter, Stallbau und Haltung
- strenge Qualitätsauflagen kosten mehr Zeit, Arbeitskraft und Geld
- Verbraucher zahlen höhere Preise

In der Massentierhaltung werden viele Schweine auf kleinem Raum gehalten.

Sauen mit Ferkeln hält man in Kastenständen. Die Sauen können darin liegen und stehen, aber nicht umherlaufen.

Die Tiere bekommen Hochleistungsfutter, damit sie in 4 bis 5 Monaten 110 kg wiegen. Die Fütterung erfolgt mit moderner Technik.

Damit die Tiere nicht erkranken, erhalten sie Medikamente.

Bis zu 7 Schweine leben in einer Box, ohne Auslauf und ausreichende Liegeplätze.

Vorteile der Massentierhaltung

- Tiere in großen Stallanlagen, teilweise vollautomatische Fütterung mit industriell hergestelltem Futter
- wenige Arbeitskräfte zur Versorgung
- hohe Fleischproduktion, niedrige Preise

Nachteile der Massentierhaltung

- Haltung nicht tiergerecht
- Tiere erhalten Antibiotika, die im Fleisch bleiben und die wir mitverzehren; so können Antibiotika als Medikamente für Menschen wirkungslos werden

tiergerechte Haltung eines Nutztieres beschreiben, dokumentieren, bewerten: Lebensbedingungen eines Nutztieres

Geprüft und sicher – Rad und Radfahrer

Regeln für Radfahrer:
Bis zu 8 Jahren musst du auf dem Gehweg fahren.
Bis zu 10 Jahren darfst du noch den Gehweg benutzen.
Ab 11 Jahre fährst du als Radfahrer gleichberechtigt im Straßenverkehr, neben Bussen, LKWs oder PKWs.
Hier muss jeder die Straßenverkehrsordnung kennen und anwenden, damit es zu keinem Unfall kommt.
Dennoch: Fahre vor allem auf Radwegen, Fahrrad- oder Nebenstraßen. Bleibe stets aufmerksam!

1 Betrachte das Bild. Was muss jeder Verkehrsteilnehmer wissen und können?

Die Fahrradprüfung vorbereiten

A Mit diesen Teilen ist dein Fahrrad verkehrssicher.
- Finde und zeige die Teile an einem originalen Fahrrad.

1 Vorderradbremse
2 Hinterrad- oder Rücktrittbremse
3 Scheinwerfer
4 Weißer Frontreflektor
5 Dynamo

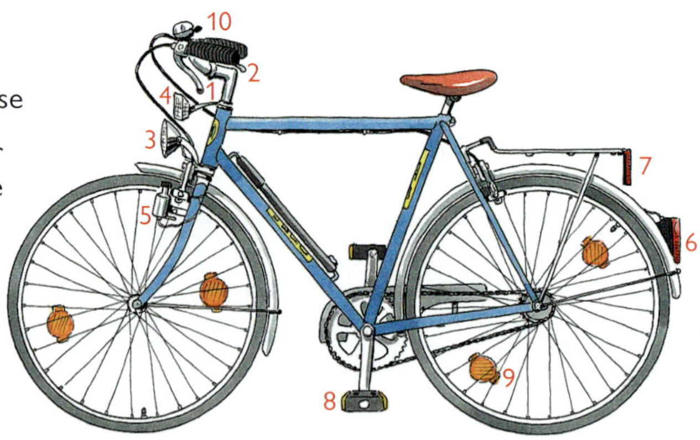

6 Rotes Rücklicht
7 Großflächen-rückstrahler
8 Fahrradpedale mit gelben Rückstrahlern
9 Gelbe Speichen-reflektoren
10 Helltönende Glocke

B
- Betrachte die Bilder. Notiere: Was müssen die Beteiligten ändern, um sicher am Straßenverkehr teilnehmen zu können?

C So steige ich am Fahrbahnrand auf mein Fahrrad.

Das Rad bereitstellen, beide Pedale waagerecht stellen

Von der Gehwegseite aufsteigen, über die linke Schulter umsehen

Deutliches Handzeichen links geben: Ich will losfahren.

Reicht die Verkehrslücke aus, mit beiden Händen am Lenker anfahren

- Decke die Texte ab. Beschreibe aus dem Gedächtnis, wie du auf das Fahrrad aufsteigst und anfährst.
- Übe die Reihenfolge an einem sicheren Ort: im Verkehrsgarten, auf dem Schulhof, in einer ruhigen Nebenstraße.

D
- Beim Vorbeifahren verlässt du deine Fahrspur, weil eine Baustelle oder ein haltendes Fahrzeug den Weg versperrt. Jetzt musst du dich richtig verhalten. Was ist bei a, b, c, d, e zu tun?

Auf den Gegenverkehr achten

Umschauen

Handzeichen nach links

Am Hindernis vorbeifahren

Handzeichen nach rechts, einordnen

E
- Betrachte die Bilder. Beschreibe die Gefahren für die Beteiligten.
- Notiere zu jedem Bild: Wie muss jeder Verkehrsteilnehmer vorausschauend handeln?

F Alle Verkehrszeichen, die die Vorfahrt regeln, gelten auch für Radfahrer, die auf dem Radweg oder auf der Straße unterwegs sind.

- Präge dir die Verkehrszeichen und ihre Bedeutung ein.

Diese Zeichen gewähren die Vorfahrt:

Vorfahrtstraße

Bei diesem Zeichen hat du Vorfahrt. Dennoch solltest du auf andere Verkehrsteilnehmer achten. Erzwinge die Vorfahrt nicht!

abknickende Vorfahrt

Der dicke Strich zeigt den Verlauf der Vorfahrtstraße an. Hier hast du Vorfahrt, wenn du der Straße nach links folgst.

Vorfahrt

Bei diesem Zeichen hast du an der nächsten Kreuzung oder Einmündung Vorfahrt.
Achte auf andere Verkehrsteilnehmer!

grüne Ampel

Hier kannst du weiterfahren. Dennoch solltest du auf andere Verkehrsteilnehmer achten.

Bei diesen Zeichen müssen Verkehrsteilnehmer warten:

Vorfahrt gewähren!

Alle Verkehrsteilnehmer von links und rechts haben Vorfahrt.

Halt! Vorfahrt gewähren!

Hier muss jeder Verkehrsteilnehmer anhalten. Der Verkehr von rechts und links hat Vorfahrt.
Als Radfahrer musst du einen Fuß auf den Boden stellen.

rote Ampel

Hier musst du an der Haltelinie anhalten und warten, bis die Ampel auf „grün“ schaltet.

Beachte:
Fahrzeuge mit eingeschaltetem Blaulicht und Martinshorn heben alle Vorschriften auf. Sie haben immer Vorfahrt! **!**

Fahrradprüfung: Verkehrszeichen, die die Vorfahrt regeln, kennen;
Verhalten bei Einsatzfahrzeugen mit Blaulicht und Martinshorn erfassen

AH S. 37–38

G • Wende Vorfahrtregeln an. Besprich sie mit deinem Partner.

Vorfahrt an Kreuzungen und Einmündungen

An Kreuzungen und Einmündungen ohne Verkehrszeichen hat die Vorfahrt, wer von rechts kommt. Dabei ist es egal, ob die Fahrrichtung geändert wird oder nicht.

- Was erscheint dir an dieser Situation gefährlich?
  Wie musst du dich verhalten?

- Wer hat hier die Vorfahrt?
  Schneide dir aus Rechenpapier 3 Kästchen aus.
  Beschrifte sie mit: [1] [2] [3]. Ordne die Kästchen in jedem Bild zu.

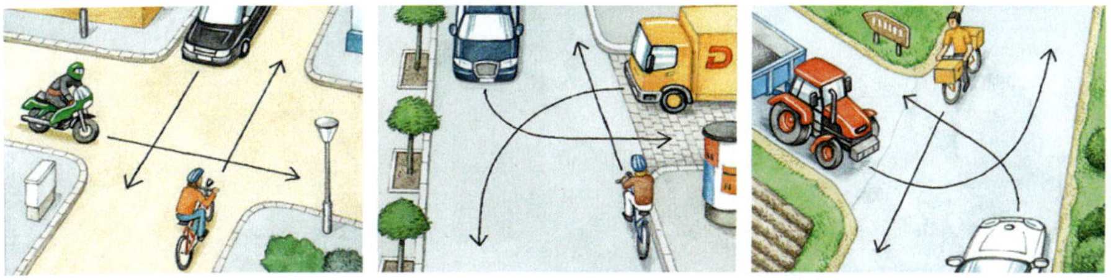

Vorfahrt an Feld- und Waldwegen oder an Grundstücksausfahrten

An vielen Kreuzungen und Einmündungen wird die Regel „rechts vor links“ auch durch andere Vorfahrtregeln ersetzt. Wollen Verkehrsteilnehmer aus einem Feld-, Wald- oder Wiesenweg oder aus einer Grundstücksausfahrt auf eine Straße fahren, müssen sie besonders vorsichtig sein. „Rechts vor links“ gilt hier nicht!

- Wer hat hier die Vorfahrt?
  Ordne den Bildern wieder deine Kästchen aus Rechenpapier zu.

H Ist eine Ampel in Betrieb, so regelt sie die Vorfahrt.

- Erkläre die Vorfahrt an Ampeln.

Vorfahrt an Ampeln

Halt vor der Kreuzung

Vor der Kreuzung auf das nächste Zeichen warten

Achtung, gleich wird die Erlaubnis zur Fahrt gegeben.

Der Verkehr ist freigegeben. Beachte Schienenfahrzeuge.

Der Verkehr ist für Linksabbieger in Richtung des Pfeiles freigegeben.

Hier darfst du bei Rot nach rechts abbiegen, wenn von links kein Fahrzeug kommt. Halte an der Haltelinie an. Achte auf Fußgänger und Fahrzeuge.

Regeln Polizisten den Verkehr, ist die Ampelregelung aufgehoben. Auch Verkehrszeichen verlieren ihre Gültigkeit.

- Erkläre die Regelung durch die Polizei.

Vorfahrt-Regelung durch die Polizei

Halt vor der Kreuzung. Der Querverkehr ist freigegeben.

Vor der Kreuzung: Auf das nächste Zeichen warten. Auf der Kreuzung: Kreuzung räumen.

Der Verkehr ist freigegeben.

- Du fährst mit dem Rad an die Kreuzung und siehst einen Verkehrspolizisten so vor dir. Wie verhältst du dich?

Fahrradprüfung: Vorfahrtregeln an Ampeln und beim Regeln des Verkehrs durch Verkehrspolizisten erklären

AH S. 37–38

I Das Linksabbiegen für Radfahrer ist nicht einfach. Bist du unsicher oder ist die Vorfahrtsituation unklar, entscheide dich für diesen einfachen Weg.

1 Heranfahren
2 Schulterblick (Ist die Straße frei?)
3 Absteigen
4 Rad über die Straße schieben
5 Anfahren vom Fahrbahnrand

So biegen Profis ab:

1 Schulterblick über die linke Schulter (Ist die Straße frei?)
2 Handzeichen nach links geben
3 In die linke Fahrspur einordnen
4 Vorfahrt beachten
5 Auf den Gegenverkehr achten (Fahrzeuge vorbeilassen)
6 Nochmals umsehen
7 Abbiegen
8 Auf Fußgänger achten

- Betrachte die beiden Zeichnungen. Stelle die Szenen nach. Präge dir so die beiden Reihenfolgen für das Linksabbiegen ein.
- Achtung: Entscheide vor jeder Kreuzung aufs Neue, wie du nach links abbiegen willst.

J
- Merke dir diese Verkehrszeichen und Regeln:

Fußgänger und Radfahrer nehmen Rücksicht. Sei als Radfahrer stets bremsbereit.

Fahrzeuge innerhalb des Kreisverkehrs haben Vorfahrt. Achte auf sie beim Einfahren.

Warte am Ende des Radweges, bis die Fahrbahn frei ist. Fahre dann zügig weiter.

Das Land Berlin in Deutschland

1 Arbeite mit der Karte. Schreibe zu deinem Bundesland auf: Lage, Grenzen …
Finde die fehlenden Namen der Bundesländer und Landeshauptstädte heraus.

Seltsames und Interessantes

Wie kommt das Loch in die Hand?
Warum muss ich mich gegen Lärm schützen?
Wie kann man um die Ecke schauen?

Schall breitet sich aus

Mit deiner Stimme, mit Instrumenten oder anderen Gegenständen kannst du Töne, Klänge und Geräusche, sogar einen Knall erzeugen.

Töne, Geräusche, Klänge oder einen Knall nennt man auch Schall. Schall breitet sich von der Schallquelle nach allen Seiten aus, er wird durch die Luft weitergetragen, breitet sich aber auch im Wasser und in festen Körpern aus. Die Ohrmuscheln fangen wie ein Trichter den Schall auf und leiten ihn durch das Innenohr weiter. Wir hören.

Den Pfiff des Schiedsrichters hören wir sofort. Schall breitet sich mit 340 m pro Sekunde aus.

1 Probiere die Experimente aus. Was stellst du fest? Erfinde selbst Experimente zur Schallübertragung.

Schall breitet sich aus

Verschiedene Schlaginstrumente spielen

Ihr braucht:

Glockenkranz

Triangel

Kugelrassel

Holzblocktrommel

Mit einem Schnurtelefon telefonieren

Ihr braucht:

2 Plastikbecher, eine Schnur

Weckergeräusche erkennen

Ihr braucht:

einen Wecker (wasserdicht verpackt)

einen Eimer mit Wasser

Experimente zur Schallausbreitung in unterschiedlichen Materialien durchführen; Materialien, die Schall leiten, benennen: Luft, feste Körper, Wasser

AH S.39

S. 10, S. 11

Verschiedene Geräte können uns helfen, besser zu hören.
Mit anderen Geräten verstärken wir Schall.

Besser hören, lauter sprechen

Mit einem selbst gebauten Hörrohr besser hören

Du brauchst:

Mit einem selbst gebauten Sprachrohr lauter sprechen

Du brauchst:

Mit einem selbst gebauten Stethoskop hören

Du brauchst:

Erste Hörhilfen gab es schon vor 400 Jahren. Sie verstärkten den Schall nur wenig. Moderne Hörgeräte werden genau an die Hörfähigkeit der Träger angepasst.

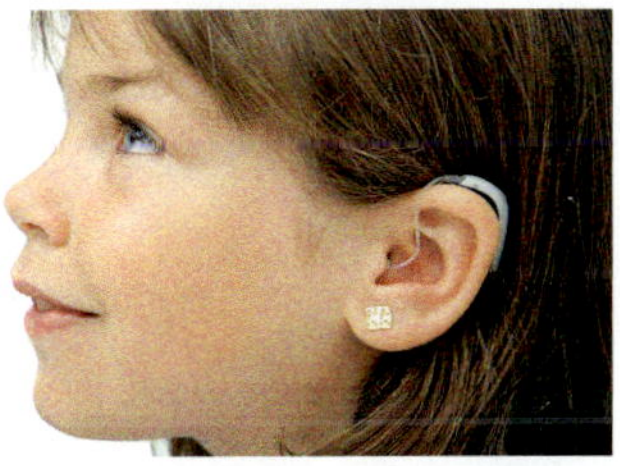

Sehr laute Geräusche sind Lärm. Lärm ist nicht nur unangenehm, er kann sogar wehtun. Auch wenn man ihn nicht empfindet, kann er auf Dauer zu Taubheit führen. Bauarbeiter, die mit dem Presslufthammer arbeiten, tragen einen Gehörschutz. Auch ein MP3-Player kann zum „Presslufthammer" werden. Täglich mehrere Stunden laute Musik genügen, um das Gehör unheilbar zu schädigen. Gegen Lärm kannst du dich aber schützen.

2 Nenne Tätigkeiten, für die du ein gutes Gehör brauchst.

3 Wie könnt ihr euch gegen Lärm schützen? Informiert euch und dokumentiert.

Mehr sehen – um die Ecke, weiter und genauer schauen

Tiere sehen die Welt mit anderen Augen

Eine Fliege zu fangen, ist nicht leicht, denn sie nimmt schnelle Bewegungen wie in Zeitlupe wahr. So kann sie sicher reagieren. Ihre Augen bestehen aus bis zu 3 000 Einzelaugen, den Facetten. Damit hat sie den Rundumblick. Allerdings erkennt sie Einzelheiten nicht so gut. Eulen haben große Augen mit großen Pupillen. Damit fangen sie im Dunkeln das wenige Licht auf und sehen. Schlangen sehen die Körperwärme ihrer Beutetiere. Ein Adler erkennt noch in 600 m Entfernung eine Maus.

1 Was sehen deine Augen? Beobachte und erzähle.

Um die Ecke sehen

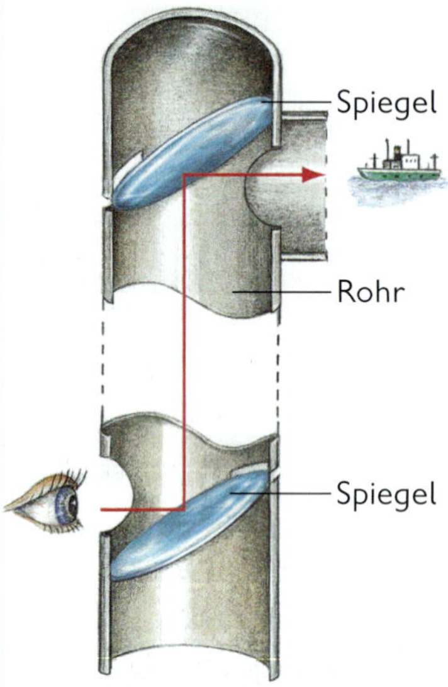

Erklärung: ...

Um besser sehen zu können, bauen Menschen Geräte:

- genauer sehen → Brille, Lupe, Mikroskop
- weiter sehen → Fernrohr
- sich selbst sehen → Spiegel
- um die Ecke sehen → Periskop

Spiegel spiegeln seltsam

Wenn du vor dem Spiegel am rechten Ohr zupfst, zeigt dein Spiegelbild: „Du zupfst am linken Ohr." Spiegel zeigen alles seitenverkehrt, auch Schrift: Diese Schrift verläuft von rechts nach links. Stelle dich mit dem Buch vor einen Spiegel. Was liest du?

Versuche, einen Satz in Spiegelschrift zu schreiben.

Du kannst Spiegelschrift als Geheimschrift verwenden. Spiegelschrift an Fahrzeugen kann der Fahrer des vorausfahrenden Fahrzeugs im Rückspiegel lesen. Leonardo da Vinci, eines der außergewöhnlichsten Genies aller Zeiten, beschrieb viele seiner Skizzen in Spiegelschrift.

2 Baue ein Kaleidoskop. Informiere dich im Internet.

Ein Loch in der Hand

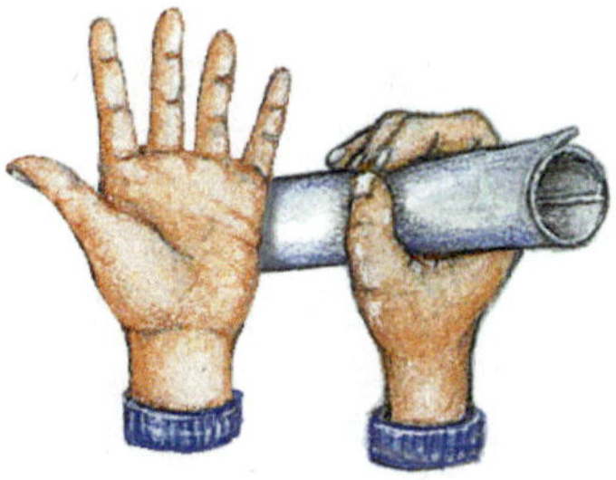

- Rolle ein Zeichenblatt längs zusammen.
- Halte deine linke Hand vorn seitlich an die Röhre.
- Sieh mit dem rechten Auge durch die Röhre.
- Schau mit dem linken Auge auf deine Hand. Plötzlich siehst du …

- Versuche, eine Erklärung zu finden.

Farbkreisel herstellen

- Stellt einen Farbkreisel her. Bringt ihn in eine schnelle Drehbewegung. Was könnt ihr sehen?
- Welche Erklärung habt ihr dafür?
- Probiert auch andere Farbzusammenstellungen aus.

Wir sehen das, was am wahrscheinlichsten ist – auch wenn es gar nicht da ist: ein Dreieck.

Optische Täuschungen

Nicht alles ist so, wie es auf den ersten Blick aussieht.
Ihr seht das Loch in der Hand, weil jedes Auge für sich Einzelbilder sieht – eines die Hand, das andere den Blick durch die Röhre. Erst dein Gehirn fügt die beiden Bilder zusammen.
Wenn sich der Farbkreisel schnell dreht, können unsere Augen die Farben nicht mehr voneinander trennen:
Der Kreisel mit den Regenbogenfarben erscheint weiß.

Manchmal täuschen uns auch Formen. Was siehst du?

Ein seltsames Dreieck:
Wo ist der Trick?

Montieren und demontieren

Sicher interessiert es viele von euch, wie manche technische Sachen funktionieren. Ihr könnt vieles darüber in Sachbüchern, in Lexika oder im Internet nachlesen. Andere Sachen könnt ihr aber auch leicht auseinander- und wieder zusammenbauen, um zu entdecken, wie sie funktionieren.

Die Fahrradklingel ist ein Signalgerät.

Zweiton-Klingel

Einhebel-Klingel (Miniglocke)

Aufbau und Funktionsweise der Klingel wurden seit ihrer Erfindung kaum verändert.

So ist eine Zweiton-Klingel aufgebaut

1 Zahnsegment
2 Zahnrad
3 Schlagwerk mit Rollen
4 untere Glockenschale
5 Rückzugfeder
6 Betätigungshebel

So funktioniert eine Zweiton-Klingel

Beim Klingeln drückst du mit dem Daumen gegen den Betätigungshebel 6, der mit einem sichelförmigen Zahnsegment 1 verbunden ist. Lässt du den Hebel los, zieht die Rückzugfeder 5 das Zahnsegment 1 zurück, der Betätigungshebel schnappt wieder zurück in die Ausgangsstellung. Diese Bewegung wird über ein weiteres Zahnrad 2 auf das Schlagwerk mit Rollen 3 übertragen. Beide Rollen schlagen von innen an die Glockenschale 4 und erzeugen den Klingelton.

1 Erkläre die Funktionsweise der Zweiton-Klingel.

2 Vermute: Wie funktioniert die Miniglocke? Probiere aus, schraube auf und erkläre.

★ Erfinde selbst eine Klingel. Zeichne sie.

Technische Produkte montieren und demontieren, ihren Aufbau und ihre Funktionsweise kennen lernen, zum Beispiel Fahrradklingel

AH S.41

S.13

Wie funktioniert eine Luftpumpe?

Aufbau einer Fahrradluftpumpe

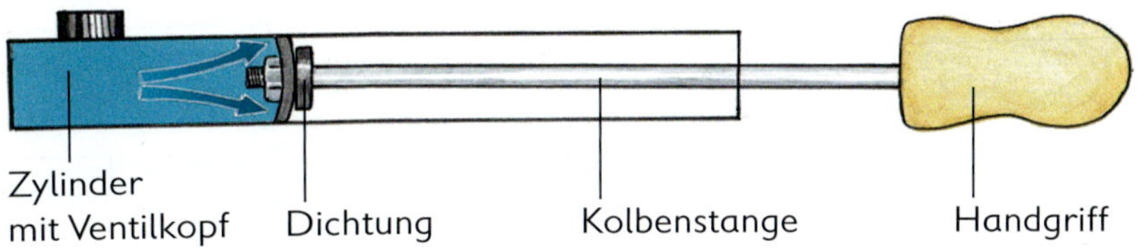

1 Probiere aus: Wie funktioniert eine Luftpumpe?
Nutze auch das gebaute Modell.
Erkläre: Wie gelangt die Luft
in den Fahrradschlauch?

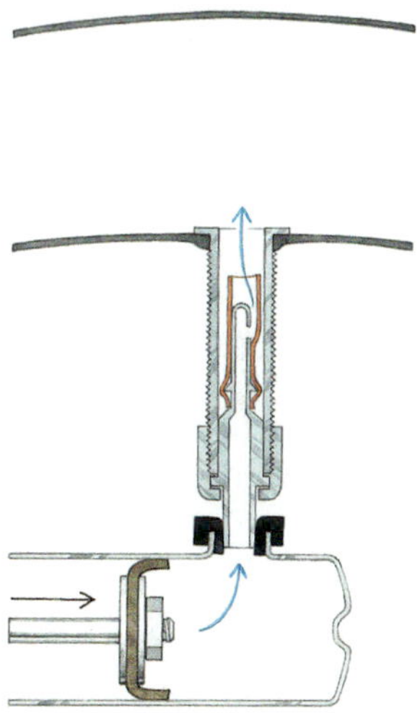

Eine Luftpumpe bauen

Du brauchst:

- Papprolle
- 2 Pappscheiben
- Korken
- Klebeband
- Holzstab
- Nagelbohrer

Gehe so vor:

1 
Papprolle und Pappscheibe mit Klebeband verkleben

2 
Korken auf den Holzstab stecken (Kolben)

3 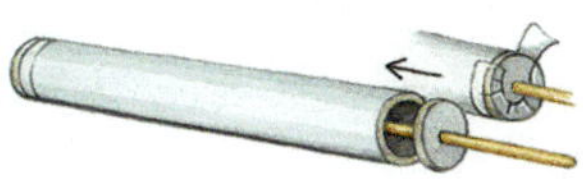
Kolben in den Zylinder schieben, Pappscheibe festkleben

4 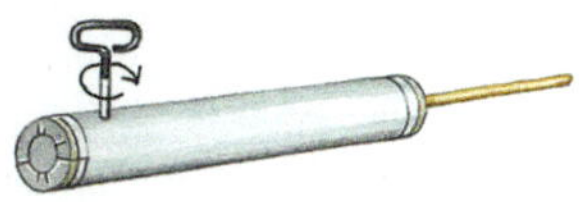
mit dem Nagelbohrer ein Loch einstechen

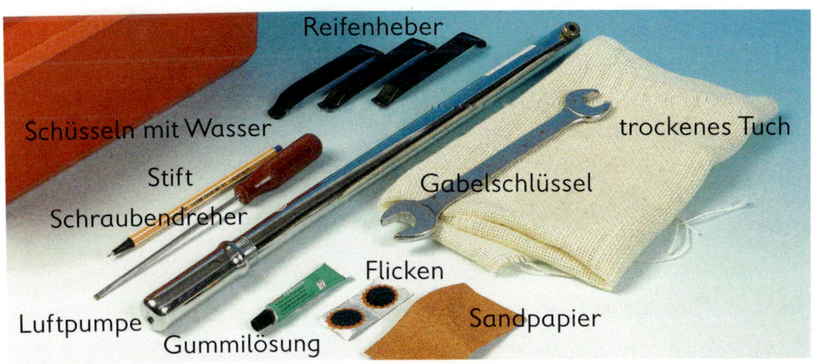

Mit diesen Materialien lässt sich ein platter Fahrradschlauch wieder luftdicht machen.

2 Informiere dich, wozu du die einzelnen Materialien und Werkzeuge brauchst.

Neugier steckt an

Seltsames und Interessantes entdeckst du überall in deiner Umgebung. Du musst nur neugierig sein und fragen: Wie? Was? Wo? Wer? Wann? Woraus? Wieso? Weshalb? Warum?
Weißt du nicht sofort eine Antwort, kannst du danach forschen: in Lexika, im Internet, durch Versuche …

1 Beratet die Fragen in Gruppen. Diskutiert eure Antworten in der Klasse. Welche Fragen habt ihr? Wo könnt ihr Antworten finden?

Fragen zu akustischen und optischen Phänomenen beantworten; selbst Fragen zu naturwissenschaftlichen Themen finden

S. 2

Frühling am Gewässer

Wie leben Pflanzen und Tiere in und an Gewässern?
Wie ist die Seerose an das Leben im Wasser angepasst?
Warum müssen Gewässer geschützt werden?

Am Wasser entdeckt ...

1 Weiden brauchen zum Leben viel Wasser. Ihre Wurzeln wachsen schnell und sind dicht verzweigt. So finden die Bäume Halt im Boden und befestigen zugleich das Ufer.
Weiden blühen im April/Mai.

2 Die leuchtend gelben Blüten der Sumpf-Dotterblume zeigen sich von April bis Juni.
Sie bilden Samen, die auf dem Wasser schwimmen und sich so verbreiten.

3 Im flachen Wasser der Röhrichtzone wachsen Wasserpflanzen, wie Rohrkolben und Schilf. Schilf ist mit dicken Wurzelstöcken standfest im Boden verankert, breitet sich aus und treibt bis zu 4 m hohe Stängel empor. Im Röhricht nisten viele Wasservögel, unter Wasser laichen Fische und Frösche. Röhricht hält das Wasser rein und verhindert das Ausspülen des Ufers.

4 Der Haubentaucher taucht meist bis zu 45 Sekunden etwa 2–4 m tief nach Fischen und Wasserinsekten. Im Schutz des Röhrichts baut er aus Wasserpflanzen ein schwimmendes Nest. Er brütet 3–4 Eier aus.

Gewässer als Biotop kennen lernen; seine Bedeutung für Fortpflanzung, Schutz und Ernährung der Lebewesen am und im Gewässer kennen

AH S.43

… im Wasser versteckt

Zusammenhänge finden

- Zeichne zwei ineinander verschlungene Kreise.

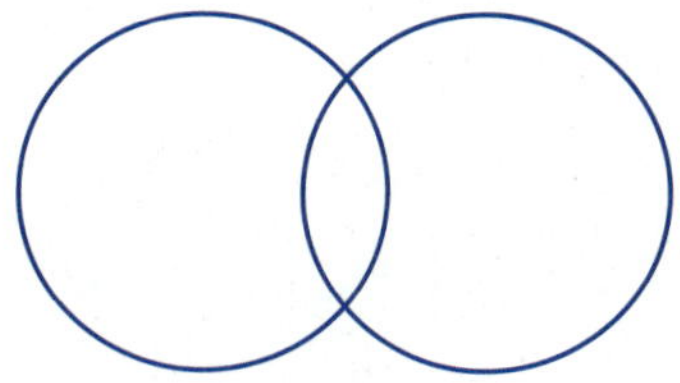

- Schreibe in Kreis 1 den Namen einer Pflanze oder eines Tieres aus der Abbildung.
- Überlege: Warum lebt diese Pflanze oder dieses Tier am oder im Wasser?
- Notiere dazu im Kreis 2 Stichpunkte.

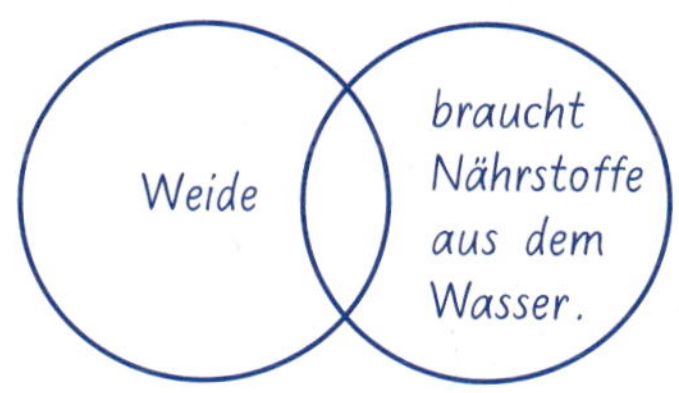

5 Die Rotfeder, ein Friedfisch, ernährt sich von Wasserpflanzen, vor allem von Algen.

6 Der Hecht ist ein Raubfisch. Zwischen den Pflanzen im Uferbereich lauert er auf Beute: Fische, Frösche, Küken von Schwimmvögeln, Wasserratten.

7 Das Tausendblatt bildet auf dem schlammigen Seeboden „Wasserwiesen“. Dort finden Fische Unterschlupf und Futter.

8 Die Tellerschnecke ernährt sich von zarten Algen und abgestorbenen Pflanzenteilen. So sorgt sie mit für klares Wasser im See.

9 Der Hüpferling ist winzig klein und nur unter dem Mikroskop so deutlich zu erkennen. Er lebt räuberisch, frisst Mückenlarven und andere kleine Tierchen.

1 Beobachte Pflanzen und Tiere an und auf einem Gewässer. Fotografiere, skizziere, bestimme und beschreibe, was du entdeckst.

Gute Schwimmer: Wasserfrosch und Seerose

Der Wasserfrosch ist perfekt an das Leben im Wasser angepasst. Er hat einen rundlichen, gedrungenen Körper, kurze Vorderbeine und lange Hinterbeine. Mit den kräftigen Hinterbeinen und Schwimmhäuten zwischen den Zehen kann er sich flink im Wasser bewegen. Das Tier kann lange unter Wasser bleiben, denn es atmet nicht nur mit der Lunge. Über feine Blutgefäße in der schleimig-feuchten Haut dringt Sauerstoff direkt ins Blut. Von April bis Juni ist Paarungszeit. Zur Eiablage brauchen die Weibchen das Wasser. Hier legen sie bis zu 4000 Eier als Laichballen ab. Aus den Eiern schlüpfen Kaulquappen, die im Wasser leben und durch Kiemen atmen. Je nach Witterung entwickeln sie sich in zwei bis drei Monaten zu Jungfröschen mit Beinen und Lungenatmung. Wasserfrösche überwintern in Erdhöhlen oder im Schlamm der Gewässer. An warmen Frühlingstagen erwachen sie aus der Winterstarre.

1 Notiere, wie der Wasserfrosch an das Leben im Wasser angepasst ist.

1 Froschlaich 2 Kaulquappe 3 Kaulquappe mit Schwanz und Hinterbeinen
4 Kaulquappe mit Vorderbeinen 5 Jungfrosch 6 Ausgewachsener Frosch

2 Beschreibe die Entwicklung eines Wasserfrosches.

Angepasstheit des Wasserfrosches an seinen Lebensraum erkunden, dokumentieren; Bedeutung des Biotops für Fortpflanzung, Schutz, Ernährung erkennen

AH S.44–45

Die großen Blüten der Weißen Seerose erscheinen Ende Mai. Sie öffnen sich bei Sonnenschein und schließen sich nachts und bei trübem Wetter. So ist der Blütenstaub vor Kälte und Tau geschützt. Seerosen bilden kugelige Früchte, die im Wasser heranreifen und dann platzen. Die schwimmenden Samen werden vom Wasser fortgetragen und keimen nach 1–2 Jahren. Der Lebensraum der Seerosen sind stehende oder träge fließende Gewässer: ruhige Seebuchten, Teiche, langsam fließende Nebenflüsse. Sie besiedeln gern humushaltigen, schlammigen Boden in einer Wassertiefe bis zu 1,5 Meter.
Die Wildpflanze steht in Deutschland unter Naturschutz.
Sie ist sehr gut an das Leben im Wasser angepasst.

3 Fasse zusammen: Wie ist die Seerose an das Leben im Wasser angepasst?

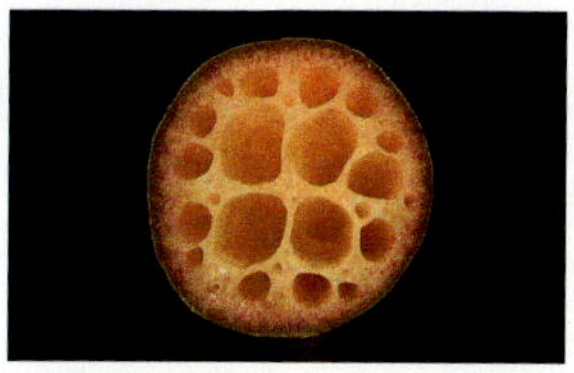
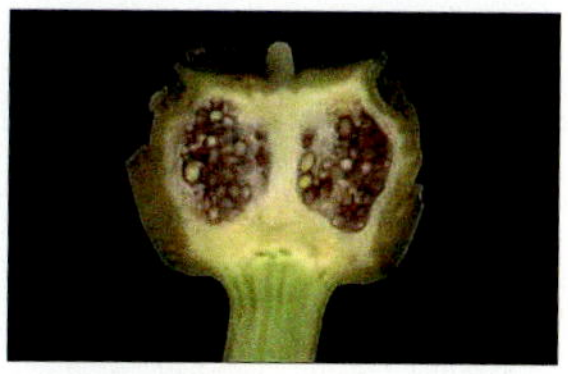

Menschen verändern Gewässer

Die Spree ist ein fast 400 km langer Fluss, dessen drei Quellen in der sächsischen Oberlausitz liegen. Er fließt in zahlreichen Verzweigungen durch Sachsen, Brandenburg und Berlin und mündet bei Spandau in die Havel.
Durch Berlin fließt die Spree über eine Strecke von etwa 46 Kilometern Länge.
Seit vielen Jahrzehnten prägt der Kohleabbau in Sachsen und Brandenburg den Fluss. Aus den Braunkohlentagebauen wurde viel Grundwasser abgepumpt und in die Spree geleitet. Dafür wurde das Flussbett auch erweitert und vertieft.

Die Spree mit Niedrigwasser

Tagebaue, in denen die Kohle abgebaut ist, werden stillgelegt. Aus vielen Restlöchern, die Jahre lang mit Fluss- und Grundwasser geflutet wurden, sind Seen entstanden. Das heißt aber auch: Es wird nun weniger Grundwasser in die Spree gepumpt. In heißen Sommern führt das öfter dazu, dass die Spree sehr langsam oder kaum fließt. Pflanzen und Fische haben dann zu wenig sauerstoffreiches Frischwasser. Auch Fischsterben gibt es.

In Berlin fließt ein Gemisch von Abwässern und Regenwasser durch die Kanalisation in die Klärwerke. Dort wird es geklärt und sauber in den Fluss geleitet. Bei Starkregen aber reicht die teils veraltete Kanalisation dafür oft nicht aus. Schmutzwasser fließt in Überlaufbecken und gelangt ungeklärt in den Fluss.

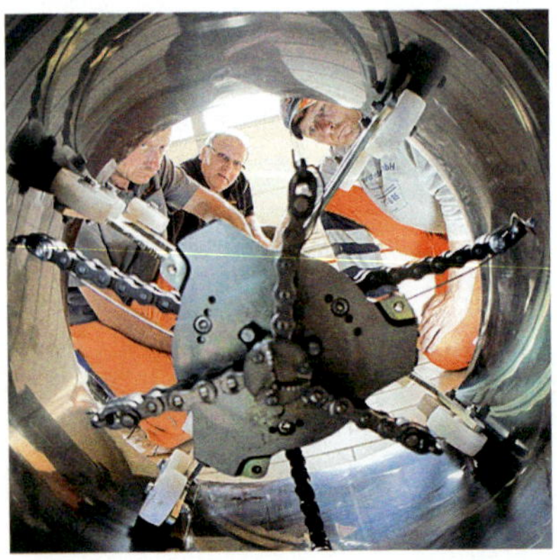

Kanalfräse bei der Kanalreinigung

In der Stadt Berlin wird viel getan, um die Spree wieder in ein sauberes Gewässer zu verwandeln. Die Kanalisation wird saniert. Unterirdische Kanäle werden gebaut, die bei Starkregen das Schmutzwasser auffangen und es später in die Kanalisation zurückleiten. In Klärwerke werden zusätzliche Reinigungsstufen eingebaut.
Die Berliner sollen wieder in der Spree baden können.

★ Informiert euch, was in den nächsten Jahren vorgesehen ist, um die Spree sauberer zu machen.

1 Stellt eine Übersicht zusammen. Thema: „Gefährdung von Gewässern“

Sich mit Gefährdungen von Biotopen auseinandersetzen: Anlegen von Deichen, Flussbegradigungen, Vertiefen eines Flussbettes, Schutzgebiete, Renaturierung

AH S.46

S. 4, S. 5, S. 12

Wie kommt es in Gewässern zu solchem Fischsterben?

Durch schädliche Stoffe kann der See gefährdet werden.

Vor 200 Jahren, es gab erst wenige Fabriken, hatten die meisten Seen klares Wasser. Doch seither flossen aus immer mehr Fabriken und Haushalten Abwässer in Seen und Flüsse. Dazu schwemmte der Regen von den Feldern Dünger und Gülle in die Gewässer. Abwässer, Dünger und Gülle sind Nahrung für Pflanzen im See. Sie vermehren sich dann rasch. Abgestorbene Pflanzen sinken zum Grund des Sees und bilden einen faulenden Schlamm. Kleinstlebewesen bauen die toten Pflanzen ab. Je mehr Pflanzen sie abbauen, umso mehr Sauerstoff entziehen sie dem Wasser. Pflanzen und Fische, die ebenfalls Sauerstoff brauchen, können dadurch sterben. Heute werden Gewässer ständig überwacht. Kläranlagen und weniger umweltschädliche Produktionsverfahren helfen, Seen und Flüsse sauberer zu halten. Dennoch werden auch heute noch Gewässer absichtlich verunreinigt, durch Industrie, Landwirtschaft und durch rücksichtsloses Handeln einiger Menschen.

2 Welches verunreinigte Gewässer in eurer Nähe kennt ihr?

3 Was könnt ihr selbst zum Schutz dieses Gewässers tun? Gestaltet ein Poster.

Sich mit den Gefährdungen eines Biotops auseinandersetzen;
Eingriffe des Menschen in ein Biotop: Fischsterben, Gewässerschutz

AH S.46

S. 12

Pflanzen und Tiere fotografieren

Willst du auf einer Exkursion Pflanzen und Tiere fotografieren, brauchst du viel Zeit. Die Pflanzen laufen dir zwar nicht weg. Schau dennoch aufmerksam:
Fotografiere ich die ganze Pflanze oder nur Teile?
Steht die Pflanze im Licht?
Sind alle Teile meines Motivs gut im Bild?

Sumpf-Dotterblume am Teichrand; 3.5. ...

Blüte der Sumpf-Dotterblume; 3.5. ...

Pflanzenmotive finden

- eine Pflanze
  - bei Wind, bei Regen, im Sonnenschein
  - morgens, abends
  - im Frühling, im Sommer ...
  - einzeln oder in einer Pflanzengemeinschaft
  - von oben, von der Seite, in Augenhöhe ...

Tiere sind schwieriger zu fotografieren. Sie laufen, krabbeln, fliegen, verstecken sich. Störe sie nicht. Sei leise, harre aus. Geduld lohnt sich. Klick:
Was haben deine Augen und die Kamera aufgenommen?

Moorjungfer, Libellenmännchen; 11.5. ...

Sumpf-Heidelibelle mit geöffneten Flügeln; 1.6. ...

Tiermotive finden

- ein Tier
  - beim Fressen, beim Schlafen
  - mit anderen Tieren zusammen
  - im Sommer, Winter ...
  - in lustigen Situationen
  - in seiner Entwicklung: die ganz kleinen Enten, die schon größeren Enten ...

Sind deine Bilder fertig, solltest du sie beschriften.

S. 6

Unsere Welt – früher und heute

Lebten die Menschen vor 100 Jahren anders als heute?
Warum ist der Mond nicht immer zu sehen?
Wer war Albert Daniel Thaer?

Räume wahrnehmen – Der Himmelsraum

Die Sonne ist eine sehr hell strahlende Gaskugel. Vom Weltall aus sehen Astronauten die Sonne mit weißem Licht. Weil die Erde aber eine gasförmige Lufthülle hat, erscheinen Sonnenstrahlen, die durch sie hindurch auf die Erde treffen, gelb. Und abends, wenn die Sonne untergeht, leuchtet sie sogar rötlich.

Die Erde umkreist die Sonne mit einer enormen Geschwindigkeit. Etwa 30 Kilometer in der Sekunde fliegt sie auf ihrem Weg durch die Weite des Weltalls. Wir spüren das nicht. Unsere Erde ist von einer mächtigen Luftschicht umhüllt. Diese gasförmige Hülle schützt uns vor dem gleißenden Licht der Sonne und vor der Kälte des Weltalls. Die Hülle enthält auch den Sauerstoff, den Menschen, Tiere und Pflanzen zum Atmen brauchen.

1 Informiere dich im Internet in einer Kindersuchmaschine über „Unser Sonnensystem“ (www.blinde-kuh.de, www.helles-koepfchen.de …).

Unsere Erde hat einen kleinen Begleiter, der sie umkreist. Das ist der Mond.

Warum heißt die Erde „Der Blaue Planet“?

Astronauten, die aus dem Weltraum auf unsere Erde schauen, sehen einen wunderbar blauen Himmelskörper. Die riesigen Wasserflächen der Erde, die Ozeane und Meere, strahlen das Sonnenlicht zurück. Sie umgeben die Erde mit einem blauen Lichtsaum. Wasser und Luft machen es möglich, dass auf der Erde Menschen, Tiere und Pflanzen leben können. Unsere Erde ist reich an Schönheiten und Wundern. Aber sie ist auch verletzlich, und sie braucht unseren Schutz.

Räume differenziert wahrnehmen; räumliche Dimensionen: Sonne und Mond am Himmel, unser Erdplanet

Zeiträume wahrnehmen – Ein Monat

Manchmal scheint nachts der Vollmond in dein Fenster. Du kannst nicht schlafen, so hell ist die Nacht. Zwei Wochen später ist kein Mond am Nachthimmel zu sehen. Doch nur wenige Tage darauf zeigt sich wieder eine schmale Mondsichel.

Warum wechselt die Lichtgestalt des Mondes?
Das Licht des Mondes ist eigentlich das Licht der Sonne. Der Mond leuchtet nicht selbst, er wird von der Sonne beschienen und strahlt dieses Licht wieder ab. Da der Mond die Erde umkreist, ändert sich seine Position zur Sonne ständig. Deshalb siehst du von der Erde aus immer unterschiedlich viel von seiner beleuchteten Hälfte. Diese Lichtformen nennt man Mondphasen. Die Zeit zwischen zwei gleichen Mondphasen beträgt 29 Tage und einen halben Tag.

Die Sonne beleuchtet den Mond ebenso wie den Ball. Die beiden Formen gleichen sich.

Bei Vollmond siehst du die beleuchtete Mondhälfte ganz.

Danach wird der sichtbare Teil der beleuchteten Mondhälfte jeden Tag kleiner. Man sagt: Der Mond nimmt ab.

Bei Neumond schaust du auf jene Mondhälfte, die nicht von der Sonne beschienen ist.

Danach zeigt sich jeden Tag mehr vom beleuchteten Teil des Mondes. Man sagt: Der Mond nimmt zu.

1 Wie erkennst du, ob ein Halbmond gerade abnimmt oder zunimmt?

★ Wie sehen die Kinder in Afrika und Australien den Mond? Informiere dich.

Zeiträume wahrnehmen – Ein Jahr

Zeit vergeht: Uhren zeigen Sekunden, Minuten und Stunden an. Kalender geben Auskunft über die Abfolge der Monate im Jahr. In der Natur ist das Werden und Vergehen von Pflanzen und Tieren zu beobachten. Wie Menschen älter werden, kannst du gut an einem Baby beobachten. Dazu brauchst du Geduld und Ausdauer.

Der Kartoffelkäfer

	Januar	Februar	März	April	Mai

Lebensdauer des Käfers: etwa 2 Jahre

Januar–März: Kartoffelkäfer überwintern in Spalten am Boden oder unter Blättern. In kalten Wintern kriechen sie auch tiefer in den Boden hinein.

April: Die Käfer kommen aus ihren Winterverstecken.

Mai: Die Käfer fliegen umher und fressen.

Der Sonnenhut

	Januar	Februar	März	April	Mai

Lebensdauer der Pflanze: 1 Jahr

Januar–März: Die Pflanzen überwintern als Samen. Die Samen können in luftdurchlässigen Tüten dunkel und trocken aufbewahrt werden. Man kann Samen auch kaufen.

April: Samen werden in Schalen oder im Frühbeet ausgesät.

Mai: Ende Mai werden die Pflänzchen ins Freie gepflanzt.

Ein Mensch im ersten Lebensjahr

	Januar	Februar	März	April	Mai

Geburt: Januar 2011
Altersrekord Mensch: 122 Jahre

Januar: Das Baby ist 50 cm groß. Es schaut schon Spielzeug an.

Februar: Das Baby kann im Liegen den Kopf heben.

März: Das Baby steckt sich Spielzeug in den Mund.

April: Das Baby ist 56 cm groß und stützt sich ab.

Mai: Das Baby dreht sich vom Rücken auf den Bauch.

Lebenszyklen des Werdens, Wachsens und Vergehens zeitlich erfassen, beschreiben, dokumentieren; Beispiele: Kartoffelkäfer, Sonnenhut, Mensch

AH S. 50
S. 16

1 Wähle dir einen Zeitstrahl aus und erkläre ihn.

2 Notiere und zeichne auf einem Zeitstrahl wichtige Ereignisse, die du in einem Jahr erlebst. Beginne den Zeitstrahl in diesem Monat.

Juni Juli August September Oktober November Dezember

Die Weibchen legen ihre Eier auf den Blättern ab. Die Raupen schlüpfen, fressen und verpuppen sich.

Neue Käfer schlüpfen und legen Eier … Eine zweite Generation wächst heran.

Die Käfer suchen ihre Winterverstecke auf.

Die Käfer überwintern bis zum Wachsen der Kartoffeln im Frühjahr.

Juni Juli August September Oktober November Dezember

Sonnenhüte lieben sonnige Standorte.

Die Pflanzen blühen von Juli bis Oktober. Die großen Blüten zeigen sich in Gelb-, Rot-, Braun- und Orangetönen. Im Oktober welken die Pflanzen und sterben ab.

Bleiben die abgeblühten Blütenstände stehen, säen sich die Samen selbst aus.

Juni Juli August September Oktober November Dezember

Das Baby ist 59 cm groß. Es greift nach Gegenständen.

Das Baby kann sein Fläschchen allein festhalten.

Das Baby hat fast 3 kg zugenommen. Es wiegt nun 6 500 g.

Das Baby kann allein aufrecht sitzen und spielen.

Das Baby krabbelt und robbt neugierig überall hin.

Das Baby kann knien und im Buch blättern. Es wiegt 9 800 g.

Das Baby ist 76 cm groß und kann stehen.

Zeiträume wahrnehmen – Leben in der Stadt vor 100 Jahren

Maries Opa Paul erzählt: Die Familie meiner Großeltern Heinrich und Minna lebte in einem Mietshaus mit Vorderhaus, Hinterhaus und Seitenflügel. Heinrich arbeitete tagsüber in einer Fabrik, Minna führte den Haushalt.
In der kleinen Wohnung im 4. Stock spielte sich das Familienleben in der Wohnküche ab. Minna kochte auf einem Kohleherd, oft gab es Suppe. Die Kinder Herbert, Lisbeth und Käthe besuchten die Volksschule. Ab und zu spielten sie im Innenhof, aber sie mussten sehr leise sein.
Sonntags fuhr die Familie manchmal mit dem Pferde-Omnibus ins Grüne. Neue Straßen wurden jetzt breiter gebaut und abends mit Gaslaternen beleuchtet.
Man sah Kutschen, aber auch immer mehr Autos und Omnibusse, in großen Städten auch Straßenbahnen.
In Häusern reicher Bürger gab es oft schon fließendes Wasser, elektrisches Licht und sogar erste Fahrstühle.

Quellen erforschen

- Suche alte Sachen: Fotos, Kleidung, Werkzeug, Schmuck …
- Befrage deine Familie:
  – Wem gehörten die Sachen? Gibt es eine Geschichte dazu?
- Vergleiche alte und neue Sachen: Bügeleisen …
- Notiere deine Ergebnisse.

Marie sammelt Fotos zum Leben ihrer Familie:

Bürgerhäuser

Hier sah Uroma Lisbeth schon Märchenfilme.

Die Wohnküche

Das Foto war ein Geburtstagsgeschenk für meinen Ururopa Heinrich.
Auf dem Foto sieht man meine Ururoma Minna mit ihren Kindern Käthe, Herbert und Lisbeth. Das Baby ist meine Uroma Lisbeth, die Mama von Opa Paul.
Alle haben ihre Sonntagskleider an.

1 Erzähle von Maries Familie. Nutze dafür die Zeitleiste.

2 Finde heraus, wie deine Urgroßeltern als Kinder lebten: ihre Namen, ihre Geschwister, ihr Essen, ihre Spiele …

Zeiträume wahrnehmen – Leben in der Stadt heute

Marie erzählt: Meine Familie wohnt in einem Hochhaus, im 4. Stock. Die Wohnung hat drei Räume, einen Balkon, Bad und Küche. Das Haus hat einen Fahrstuhl, aber Papa und ich laufen gern um die Wette nach oben. In meinem Zimmer kann ich spielen, lernen und schlafen. Ich habe viele Bücher und lese gern. Später will ich Lehrerin werden. Mein Lieblingsbuch ist von meiner Uroma Lisbeth. Es war ihr einziges. Mein Papa arbeitet zu Hause am Computer. Weil Mutti oft spät von der Arbeit kommt, macht er uns Abendbrot. Wir essen am liebsten Gemüsesalat. Manchmal brate ich auch Rührei mit Lauch, davon schwärmt Mama.

Für unsere Stadt wird jetzt eine neue Umgehungsstraße gebaut, weil der Straßenverkehr so zugenommen hat. Aber das Freibad wurde geschlossen. Die Stadt hat kein Geld dafür. Dabei schwimme ich so gern. Mein Freund heißt Tom. Wir gehen oft zusammen auf den Spielplatz, da sind so tolle Spielgeräte. Aber manche machen aus dem Spielplatz einen Müllplatz. Darüber ärgern wir uns.

Meine Freundin Luise und ich sind Mode-Fans. Ich ziehe gern enge Hosen an und Luise trägt am liebsten kurze Röcke. Mama sagt, kurze Röcke hätte meine Ururoma nie getragen. Aber sie selbst schon.

Unser Hochhaus vor 8 Jahren

Viele Kinos in unserem Kino

Hier spielen wir

1 Vergleiche das Leben in der Stadt: früher und heute.

Zeiträume wahrnehmen – Vor 250 Jahren

Die Vorgeschichte

Kartoffeln gab es schon vor mehreren tausend Jahren. Sie wuchsen in Südamerika auf den kargen Böden der Hochgebirge. Die Kartoffelknollen waren sehr klein. Trotzdem nutzten die Menschen sie als Nahrungsmittel. Vor etwa 500 Jahren brachten spanische Seefahrer die Kartoffel aus Südamerika mit nach Europa. Mit dieser unbekannten Pflanze wusste man hier zunächst nichts anzufangen. Man pflanzte sie wegen ihrer schönen Blüten in botanischen Gärten an, probierte sogar die giftigen Früchte. Erst 250 Jahre später wurde die Pflanze bei uns immer häufiger als Nutzpflanze angebaut.

Der „Alte Fritz" und die Kartoffel

„Alter Fritz" ist der Spitzname des Königs Friedrich der Große, der von 1740 bis zu seinem Tod in Preußen regierte. Er sorgte als einer der Ersten dafür, dass die Kartoffel in Brandenburg landwirtschaftlich angebaut wurde. Man erzählt, dass die Bauern die Kartoffeln nicht anpflanzen wollten. Viele aßen die Kartoffel roh. Sie schmeckte roh aber nicht gut.
Ein weiterer Grund war die gewohnte Dreifelderwirtschaft. Die Äcker wurden seit Jahrhunderten zwei Jahre lang mit Getreide bestellt und lagen dann ein Jahr brach.
Nun sollten die Felder im dritten Jahr mit diesen Hackfrüchten bestellt werden.
Das war eine sehr ungewohnte Anbaumethode.
Die Bauern waren widerspenstig. Aber die Bevölkerung in Preußen wuchs ständig an. Durch Getreide-Missernten wurde es immer schwieriger, die Menschen zu ernähren.
Die Not wuchs noch durch Kriegs- und Teuerungszeiten.
Da wandte der „Alte Fritz" eine List an. Er ließ Kartoffeln anbauen und die Felder von Soldaten bewachen.
So wurden die Bauern neugierig und dachten, dass die Knolle wohl etwas Besonderes sein müsse. Sie begannen Kartoffeln anzubauen, und schnell wurden die „Erdäpfel" zum „Volksnahrungsmittel".
Eine andere Geschichte erzählt, dass der „Alte Fritz" die Felder bewachen lassen musste, weil die Bauern die Knollen immer wieder ausgruben.
Heute ist die Kartoffel ein beliebtes Nahrungsmittel.

Einfluss geografischer Entdeckungen; über Einfuhr und Verbreitung der Kartoffel als Nahrungsmittel sprechen; historischen Wandel der Lebensverhältnisse erkennen

S. 12, S. 13

Der Kartoffelbefehl vom „Alten Fritz“

Der „Alte Fritz“ gab am 24. März 1756 den so genannten „Kartoffelbefehl“ an alle preußischen Beamten heraus. Sie sollten sämtlichen Untertanen den Kartoffelanbau „begreiflich“ machen. An Rathäusern verteilte man Saatgut. Feldwächter und Ratsdiener kontrollierten anfangs Anbau und Ernte. Auch der „Alte Fritz“ besuchte seine Bauern und begutachtete die dargereichten Kartoffeln persönlich.

Aus dem Kartoffelbefehl:

„Als habt Ihr denen Herrschaften und Unterthanen den Nutzen von Anpflantzung dieses Erd Gewächses begreiflich zu machen, und denselben anzurathen, dass sie noch dieses Früh-Jahr die Pflantzung der Tartoffeln als einer sehr nahrhaften Speise unternehmen.“

Und was hat Herr Thaer mit der Kartoffel zu tun?

Vier Jahre vor dem Kartoffelbefehl wurde im Jahr 1752 Albrecht Daniel Thaer geboren. In seiner Zeit wurde er als fortschrittlichster Landwirtschaftsexperte verehrt. Als Professor lehrte er an der neu gegründeten Berliner Universität. Er gilt als Begründer der Agrarwissenschaft. Aus dem brandenburgischen Gut Möglin machte er einen Musterbetrieb. Dort gründete er die erste deutsche Akademie für Landwirtschaft. Hier forschte und lehrte Albrecht Daniel Thaer zu modernen Anbaumethoden: Statt der Dreifelderwirtschaft, die den Böden die Nährstoffe auslaugte, förderte er den Fruchtwechsel. Er ließ den Boden mit von ihm konstruierten Ackergeräten, wie Schwingpflug und Kartoffelhacke, bearbeiten. So verhalf auch er dem Kartoffelanbau zu seinem weiteren Siegeszug.

Albrecht Daniel Thaer

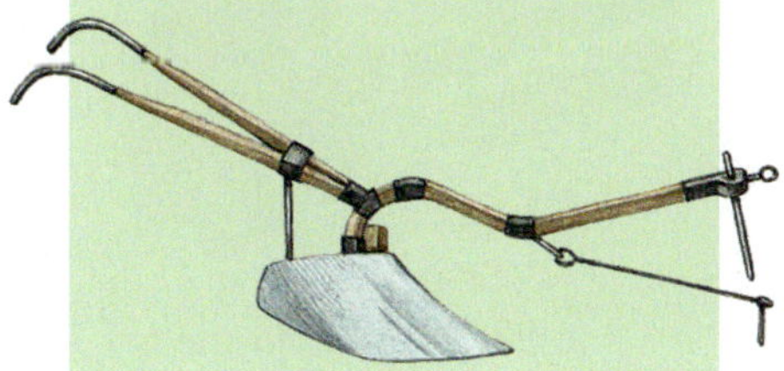

Schwingpflug

1 Finde heraus:

- In welchen Ländern werden heute die meisten Kartoffeln angebaut?
- Welche drei anderen Grundnahrungsmittel gibt es auf der Welt noch?

Einfluss geografischer Entdeckungen; über Einfuhr und Verbreitung der Kartoffel als Nahrungsmittel sprechen; historischen Wandel der Lebensverhältnisse erkennen

S. 12, S. 13

Zeiträume wahrnehmen – Vor Jahrtausenden

Das Rad war das erste von Menschen erfundene Maschinenelement. Wer das Rad erfunden hat, ist nicht bekannt. Die runde Scheibe mit einer Bohrung in der Mitte, in die eine Achse gesteckt wurde, machte das Rad beweglich.

Aus der Geschichte des Rades

Vor etwa 5000 Jahren

Holzrad der Sumerer

Die Sumerer in Mesopotamien nutzten bereits Wagen mit Scheibenrädern. Diese frühesten Fahrzeuge waren so groß wie heutige Handwagen. Man nutzte sie für den Transport von Personen. Sie wurden auf ebenen, breiten Wegen von Rindern oder Halbeseln gezogen. Die Wagen erleichterten später auch den Transport von Waren, die über weite Strecken befördert werden mussten.

Vor etwa 4000 Jahren

Streitwagen der Anatolier

Das Speichenrad war erfunden. Erste Streitwagen mit Speichenrädern wurden gebaut. Die Wagen sahen aus wie große Karren und wurden als militärische Fahrzeuge genutzt. Das belegen Siegelabdrücke aus dieser Zeit in der Handelskolonie Kanesch in Anatolien. Später veranstalteten die Römer gern Wagenrennen mit ähnlich gebauten Fahrzeugen.

Vor etwa 3000 Jahren

Griechisches Wasserrad

Mit Hilfe von Rädern konnten die Menschen auch die Kraft des Wassers nutzen. Eine der ältesten Wasserkraftmaschinen gab es in Griechenland. Das Wasser bewegte einen Kranz von Ruderblättern an einer senkrechten Achse, diese wiederum bewegte Mühlsteine. Zu Anfang dienten solche Wasserräder zur Bewässerung von Feldern oder als Schöpfräder zum Heben von Wasser.

1 Beschreibe die Bilder genau. Wie sehen die Räder an den Fahrzeugen und Maschinen aus?

★ Suche die benannten Orte und Länder in einem Atlas oder im Internet.

Historische Entwicklung und Einfluss technischer Erfindungen beschreiben;
Begriffe für größere Zeiträume unterscheiden und anwenden: Jahrtausend

S. 12, S. 13

Vor etwa 2000 Jahren

Modell eines Kranes der Römer

Früher wurden beim Bauen Steine und Mörtel über Gerüste von Hand zu Hand weitergereicht. Später setzte man Seilzüge ein, um die Arbeit zu erleichtern. Die Last hing an Tragseilen und wurde über eine lose Rolle mit Zugseilen gehoben. Man nutzte auch Seilwinden. Schließlich wurde der hölzerne Kran erfunden. Als Lastenaufzug auf Schiffe, an Gebäude und auf Baustellen montiert, erleichterte er die Arbeit noch mehr. Übrigens erhielt er seinen Namen nach einem Vogel, dem Kranich. Ein Kran, so meinte man, wäre wie ein Kranich, mit hohen Beinen und einem recht steifen Hals.

Vor etwa 1000 Jahren

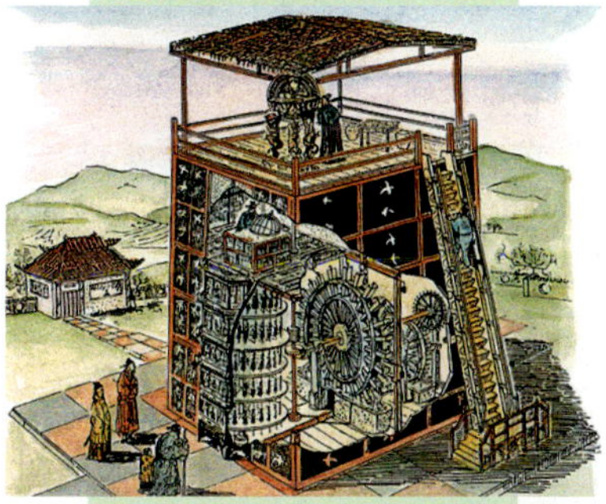

Das Wasserrad befindet sich im Turm.

Um 1090 baute der Chinese Su Song in Kaifeng als Erster eine Turmuhr mit einem mechanischen Antriebsrad. Sie funktionierte mit Hilfe eines Wasserrades. An das Wasserrad waren Schalen angebaut, die so mit Wasser gefüllt wurden, dass sich das Rad in jeder Viertelstunde um eine Schale weiterdrehte. Zu jeder Stunde musste die Uhr klingen. Als man die Uhr demontierte und nach Peking brachte, konnte man sie nicht wiederherstellen.

Heute

2 Kläre alle unbekannten Begriffe. Lege dir eine Übersicht an.

3 Nenne Beispiele aus deiner Umgebung, wie Räder heute eingesetzt werden. Ordne die Beispiele in eine Tabelle ein.

Verwendung von Rädern heute		
Geräte/Maschinen	Zur Fortbewegung	Zur Kraftübertragung

Historische Entwicklung und Einfluss technischer Erfindungen beschreiben;
Begriffe für größere Zeiträume unterscheiden und anwenden: Jahrtausend

S. 12, S. 13

Zeitverläufe darstellen

Zeit vergeht: eine Stunde, ein Tag, ein Monat, ein Jahr …
In dieser Zeit erlebst du vieles und veränderst dich.
Das gilt auch für deine Mitmenschen und deine Umwelt, für Pflanzen, Tiere, Orte … Du kannst Ereignisse dokumentieren, zum Beispiel Tagebuch schreiben. Du kannst Zeitverläufe als Zeitspirale, Zeitkreis, Zeitstufen oder Zeitstrahl gestalten.

1 Dokumentiere einen Zeitverlauf.

Zeitspirale „Mein Tag“

Die Uhr zeigt 12 Stunden an. Ein Tag hat 24 Stunden. Die Zeiger umrunden die Uhr also zweimal.

Zeitkreis „Die Eiche in den Jahreszeiten“

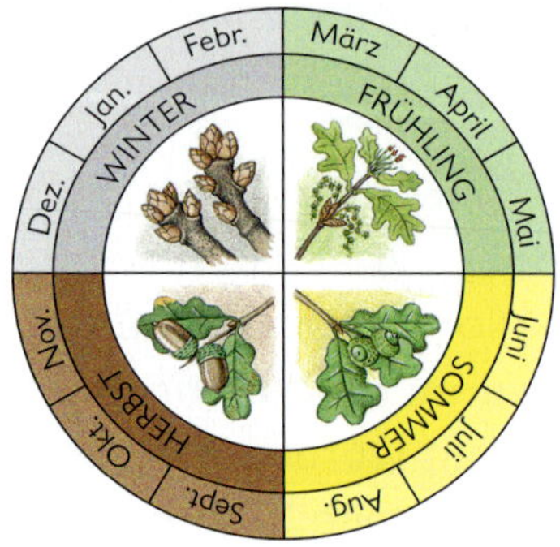

Die Jahreszeiten kennzeichnen Abschnitte des Jahres, die jährlich wiederkehren.

Zeitstufen „Lebensalter der Frau“

Das Bild entstand vor etwa 100 Jahren. Es stellt die Lebensalter einer Frau dar. Anders als heute bezog sich das Leben der Frauen damals vor allem auf Haus und Familie.

2 Male oder schreibe auf, wie du dir wichtige Abschnitte deines Lebens vorstellst.
Du kannst auch einen Zeitstrahl nutzen.

Zeitstrahl „Mein Leben“

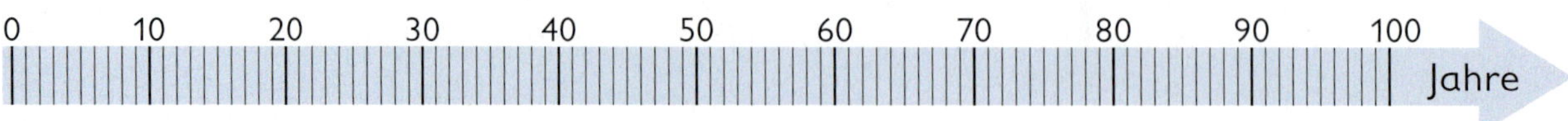

Zeitliche Abläufe dokumentieren: Entwicklungen, Veränderungen; Lebenszyklen des Werdens, Wachsens und Vergehens erfassen, beschreiben, dokumentieren

AH S.50

S. 13

Mit Medien leben

Wie erstellt man eine Präsentation am Computer?
Wie können wir eine Klassenzeitung gestalten?
Was erfahren wir aus einer Schulchronik?

Medien nutzen und gestalten

Jeden Tag, jede Woche, jeden Monat, jedes Jahr …
geschehen interessante Dinge in eurer Schule. Medien helfen euch, diese Ereignisse zu dokumentieren. So könnt ihr andere Menschen informieren und euch selbst später erinnern.

Eine Klassenzeitung erstellen

1. Schritt: Redaktionsteam zusammenstellen
- Im Team arbeiten vier Gruppen.
- Jede Gruppe bearbeitet drei Seiten.

2. Schritt: Arbeit organisieren
- In den Redaktionssitzungen wird abgestimmt und festgelegt: Wie soll die Zeitung aussehen? Wer übernimmt welche Aufgabe?
- Die vier Gruppen wählen Rubriken (Abschnitte) aus:
  - Aus dem Schulleben
  - Aus dem Schulort
  - Aus aller Welt
  - Aktuelles Interview
  - Schon gewusst …
  - Rätsel und Witze

3. Schritt: Die Zeitung entsteht

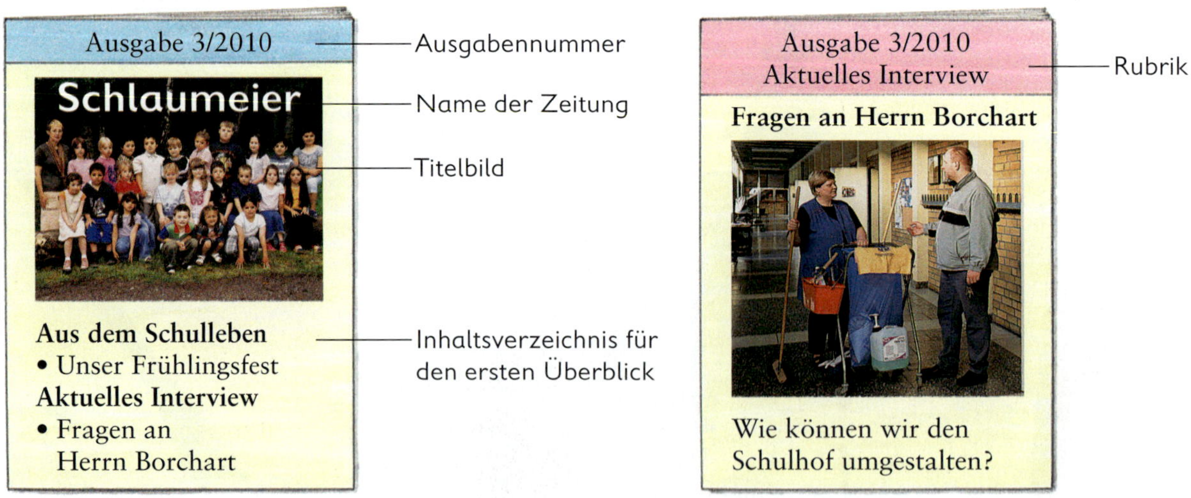

Tipp: Schreibt Texte am Computer. Fügt auch Bilder ein. Seite 118 hilft euch.

★ Diskutiert im Klassenrat: Wie gut ist unsere Klassenzeitung?
Oder: Wollen wir eine Klassenzeitung gestalten?
Wer würde an einer Klassenzeitung mitarbeiten?

Eine Schulchronik gestalten

Für eine Schulchronik könnt ihr verschiedene Texte, Bilder und Filme gestalten und sammeln. Das Material sollte in dicken Ordnern oder auch in schönen Kartons aufbewahrt und zu besonderen Anlässen ausgestellt werden.
Ein Verzeichnis hilft, bestimmt Inhalte schnell aufzufinden.

Bilder und Texte lockern die Chronik auf. **Fotos** erinnern an Personen, die in der Schule gearbeitet und gelernt haben.

ca. 1953: Frau Hutter mit Schülern
Der Unterricht fand im Zwei-Schichtbetrieb statt,
weil es nicht genug Räume gab.
Frau Liebel

Juni 2009: Nach fast einem Jahr Umbauzeit ist die neue Bibliothek eingerichtet.
Es gibt gemütliche Leseecken und mehrere Computerarbeitsplätze.

RICO, MARIE Klasse 4b

Kurze Texte und selbst gemalte **Bilder** erzählen zur Geschichte der Schule.
Die Angabe der Jahreszahl darf nicht fehlen.

Am 1. September 1970 wurden 50 Erstklässler eingeschult.

Frau Riemer
Direktorin

Schulgeschichte erforschen

- Ihr könnt eure Schulchronik ergänzen oder eine Schulchronik neu anlegen:
  - Befragt dazu Zeitzeugen.
  - Bittet über eine Zeitungsanzeige um Material.
  - Stöbert in alten Zeitungen.
  - Lest statistische Jahresberichte.
  - Sucht Informationen im Internet.
  - …

1 Diskutiert: Was würdet ihr in eure Schulchronik aufnehmen?

2 Gestalte ein Blatt zu deiner Schulzeit für die Schulchronik.

S. 13

Mit dem Computer Bilder und Texte gestalten

Eine Präsentation kannst du mit Texten und Bildern selbst erstellen.

Thema der Präsentation: Obst

So erstellst du eine Übersicht

Arbeite mit Mauspfeil und Tastatur:

1. Erstelle ein neues leeres Dokument. Klicke auf „Textfeld“: [A] und dann auf deine Seite. Erstelle so viele Textfelder, wie du brauchst.
2. Schreibe in die Textfelder. Gestalte sie nach Doppelklick auf den Rand farbig.
3. Klicke auf „Pfeil“: ↘, dann auf deine Seite. Ziehe den Pfeil mit der Maus.
4. Klicke den Pfeil an. Bewege ihn mit der Maus. Drehe ihn an der Spitze. Erstelle weitere Pfeile.
5. Ordne nun Pfeile und Kästchen an.

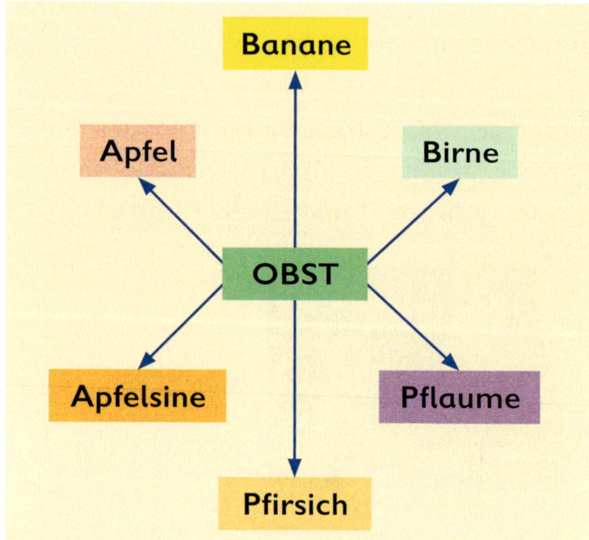

So fügst du Bilder in Texte ein

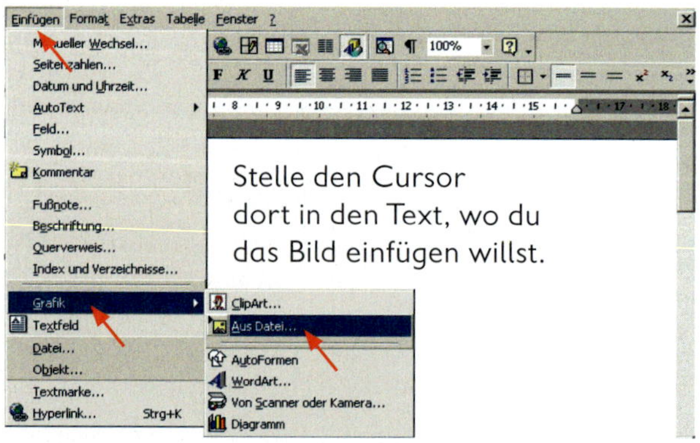

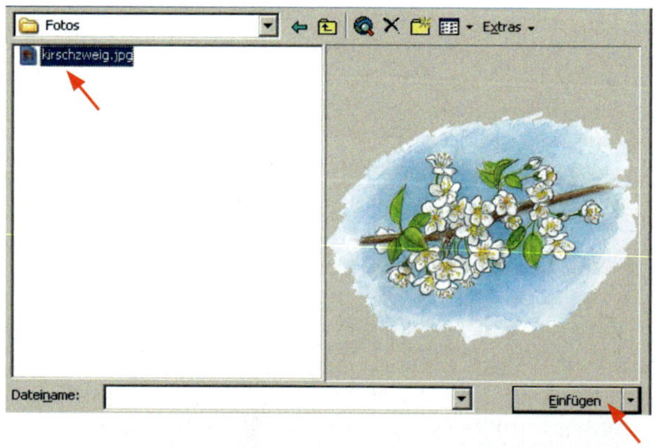

Du kannst Bilder auch montieren und auf einer Seite gestalten.

Der Kirschbaum im Jahreslauf

Im Frühling Die Knospen brechen auf und entfalten ihre Blätter und weißen Blüten.

Im Sommer Der Kirschbaum verliert seine Blütenblätter. Aus den Fruchtknoten entwickeln sich die Kirschen. Die Kirschen werden geerntet.

Im Herbst …

Mit dem Computer arbeiten: Bild öffnen, kopieren, speichern; eigene Bilder nutzen, kopieren, einfügen, bearbeiten

S. 14, S. 15

Im Sommer

Wohin fließt das Schmutzwasser nach dem Geschirrspülen?
Können alle Menschen auf der Welt sauberes Wasser trinken?
Wie zeichne ich ein Schema?

Woher kommt das Trinkwasser?

1 Informiert euch:
- Wie wird euer Trinkwasser gewonnen?
- Wie teuer ist das Trinkwasser?

2 Füllt einen Eimer mit Wasser, messt die Menge und berechnet den Preis.

★ Besichtigt ein nahe gelegenes Wasserwerk.

Trinkwasser kommt gereinigt aus Wasserwerken. Woher aber bekommen die Wasserwerke das Wasser? Niederschläge versickern im Boden durch Sand und Kies. Ihr Wasser staut sich als Grundwasser, das manchmal als Quelle wieder aus der Erde fließt. Fließt sie reichlich, wird ihr Wasser durch Rohre zu einem Wasserwerk geleitet.
Im Bergland wird Wasser von Bächen und Flüssen in Trinkwassertalsperren gestaut und zu den Wasserwerken geleitet. Im flachen Land gewinnt man Grundwasser meist aus Tiefbrunnen.
Auch Flusswasser eignet sich zur Trinkwassergewinnung. Es sickert in Ufernähe durch Sand und Kies in Brunnen ein und wird zu den Wasserwerken geführt.

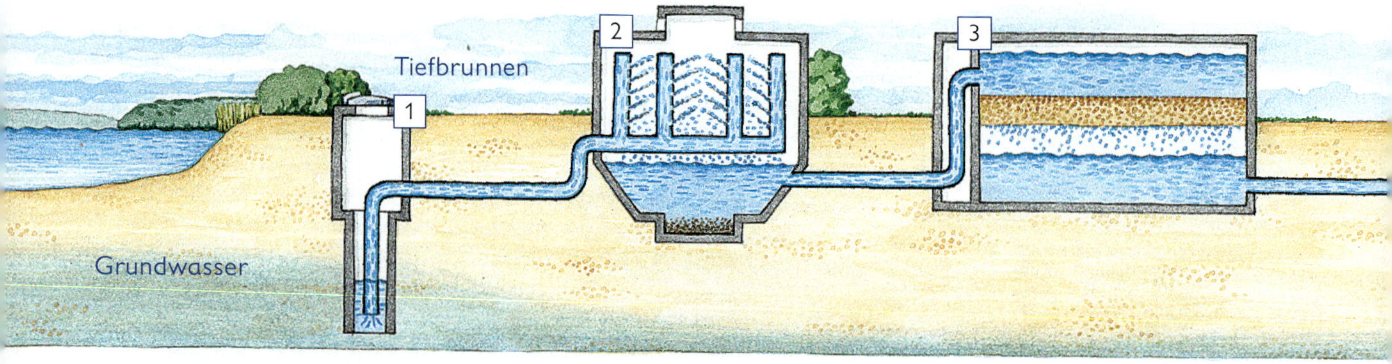

Grundwasser wird in Tiefbrunnen gesammelt und mit Pumpen nach oben befördert.

Im Wasserwerk wird das Wasser belüftet. Dabei verbinden sich schädliche Stoffe zu Flocken.

Das Wasser läuft zur Reinigung durch Kiesschichten. Dort werden die Flocken aufgefangen.

Trinkwasserversorgung erkunden, darstellen und erklären;
Wasserwerk und Trinkwassersituation bei uns erörtern

AH S.51

S.16

3 Erkunde, wie viel Trinkwasser gebraucht wird, um dies herzustellen:
- ein Kilo Brot,
- ein Kilo Zucker,
- eine Tonne Papier,
- eine Tonne Stahl.

4 Wozu wird im Haushalt Trinkwasser gebraucht?

5 Gestaltet eine Übersicht: Trinkwasser sparen – aber wie?

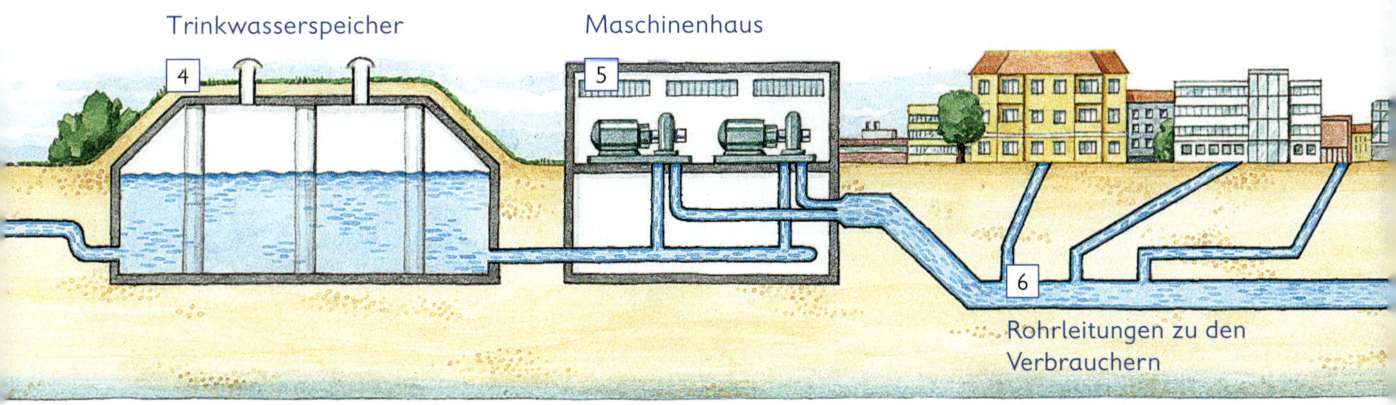

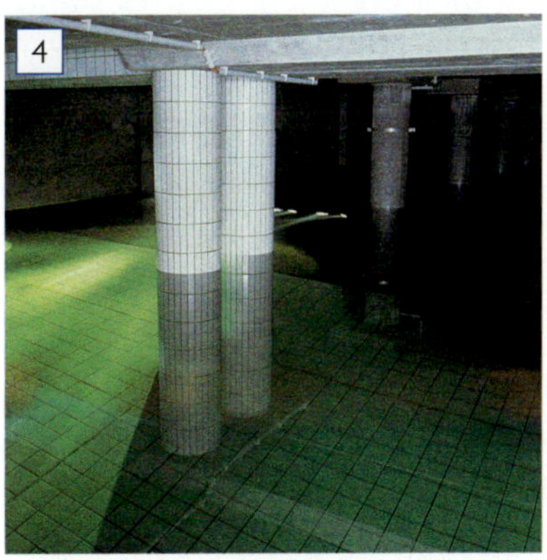

Sauberes Trinkwasser wird in Reinwasserbehältern gespeichert und bei Bedarf abgegeben.

Trinkwasserpumpen pumpen das Wasser durch Rohrleitungen zu den Verbrauchern.

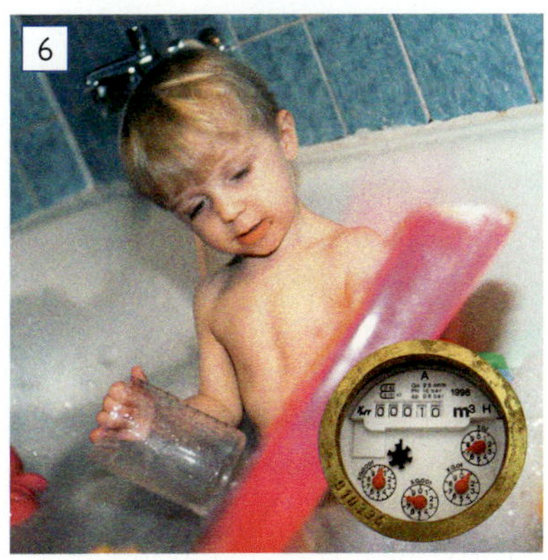

Den Wasserverbrauch in jeder Wohnung zählen Wasseruhren. Das Wasser muss bezahlt werden.

Wohin fließt das Abwasser?

1 Erforsche:
Wodurch wird in eurem Haushalt Trinkwasser verschmutzt? Wie könntet ihr diese Verschmutzung verringern?

2 Erkunde, wie viel Abwasser jährlich in deiner Schule entsteht. Womit wird das Wasser vor allem verschmutzt?

Noch vor 100 Jahren wurde Abwasser meist in die Gewässer geleitet. Die Menschen hatten beobachtet, dass fließende Bäche und Flüsse mit der Zeit wieder sauber wurden. In der Nähe großer Orte wurde Abwasser zum Beispiel auf unbebautes Land in Gräben geleitet. Dort versickerte es im Boden. Auf dem Weg durch die verschiedenen Bodenstufen wurde es gefiltert und so wieder zu reinem Grundwasser. Heute belasten vor allem Industrie, Landwirtschaft und Verkehr, aber auch Haushalte das Wasser. Die „Naturfilter" reichen nicht mehr aus, die Abwässer müssen in Klärwerken gereinigt werden. Das Reinigen ist technisch sehr aufwändig und teuer. Deshalb sollten alle Menschen sparsam mit Wasser umgehen und es weniger verschmutzen.

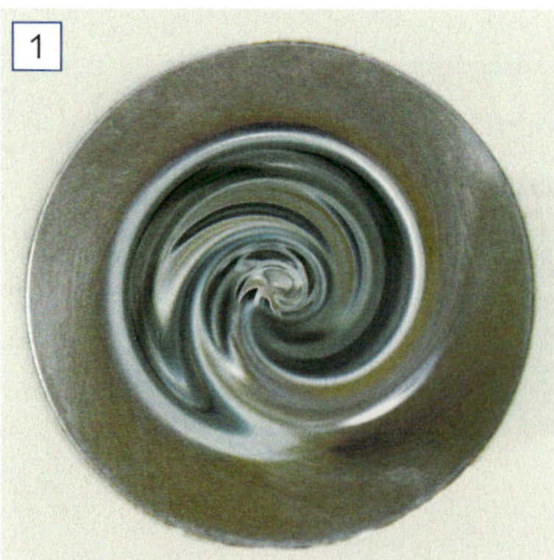

Abwasser aus den Gebäuden fließt durch Abwasserrohre, Regenwasser von den Straßen durch Gullys in die Kanalisation.

Unter den Straßen werden die Abwässer in der Kanalisation gesammelt und weiter in ein Klärwerk geleitet.

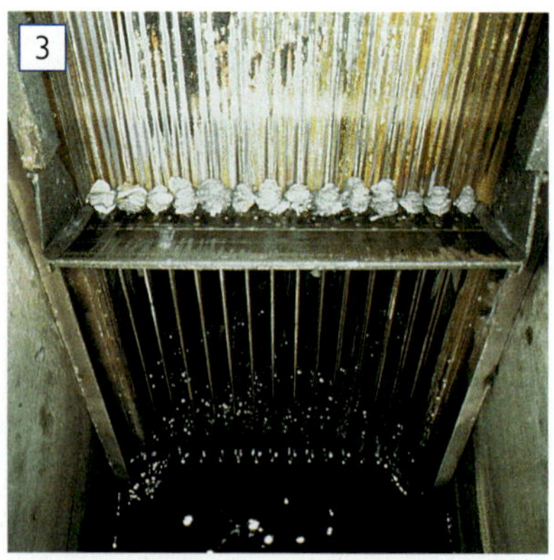

Am Rechen bleiben zuerst Holz, Papier und grobe Teile hängen. Sand setzt sich ab. Fette werden von der Oberfläche abgesaugt.

Wasser im „Klärwerk“

Wie verändert sich Schmutzwasser durch Filtern?

Versuchsaufbau:

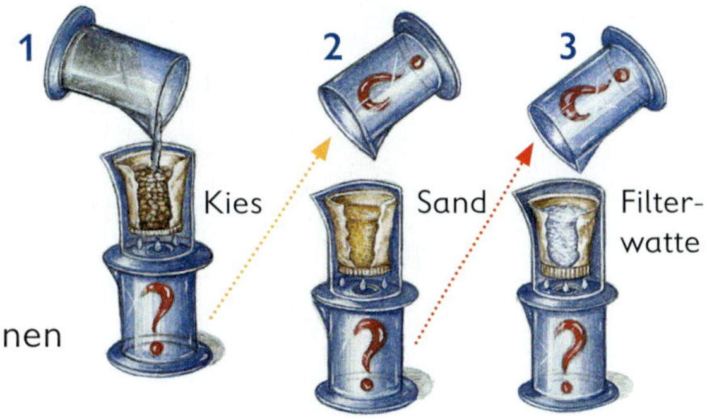

Ihr braucht:

- 4 Bechergläser, 3 Filter mit Filtertüten, darin: **1** gewaschener Kies
  2 gewaschener Sand
  3 Filterwatte
- Schmutzwasser: Leitungswasser, vermischt mit Gartenerde und Sägespänen

Geht so vor:

- Lasst das Schmutzwasser nacheinander durch die drei Filter laufen.
- Notiert, wie es sich nach jedem Filtergang verändert. Achtet auf den Geruch.

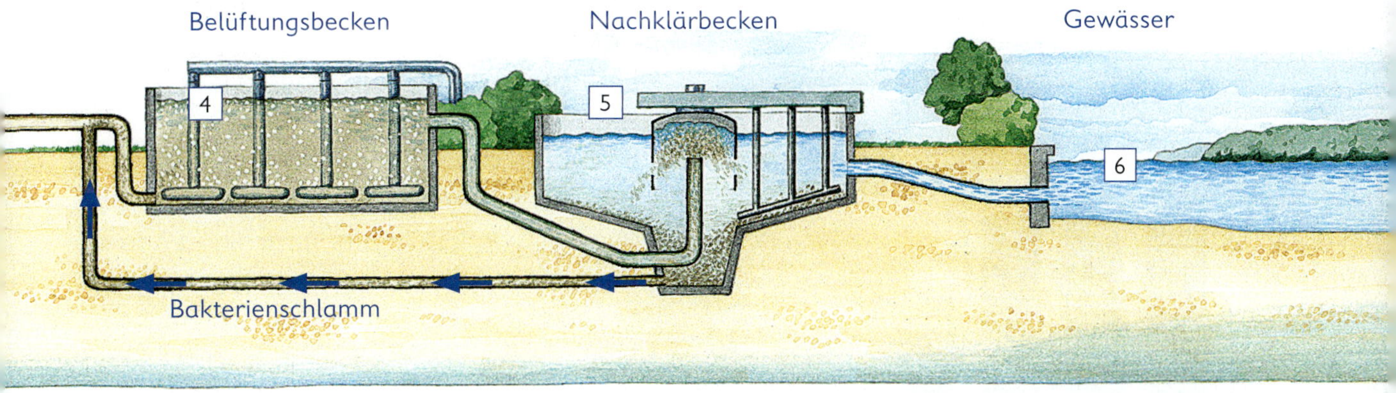

Zum Belüften werden dem Wasser viel Sauerstoff und Bakterien zugesetzt. Die Bakterien „fressen“ die restlichen Schmutzteilchen.

Im Nachklärbecken sinkt der Schlamm mit den Bakterien zu Boden. Er wird dem Belüftungsbecken zugeführt.

Nun ist das Wasser so sauber, dass es wieder in Seen oder Flüsse eingelassen werden kann.

Wasser bei uns und anderswo

WASSER INFORMATIONEN

Wasser auf der Erde

Die Erde ist zu zwei Dritteln mit Wasser bedeckt. Diese Wassermenge vermehrt sich nicht.

Salzwasser und Süßwasser auf der Erde

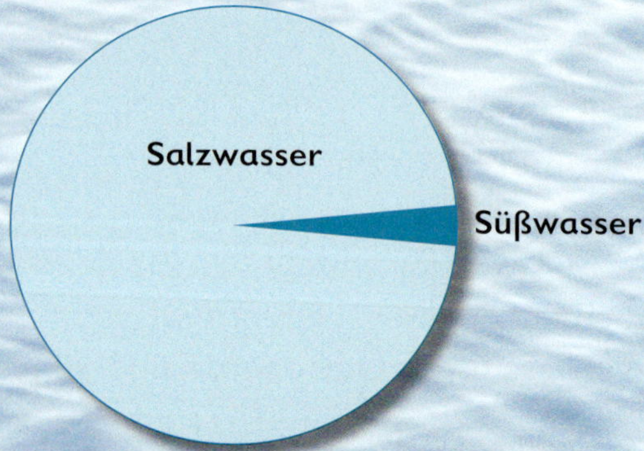

Das meiste Wasser ist Salzwasser. Aber als Trinkwasser können wir nur Süßwasser nutzen.

1 Besprecht folgende Bilder und Texte. Findet Überschriften.

Wasserverbrauch für eine Person am Tag in einzelnen Ländern der Erde

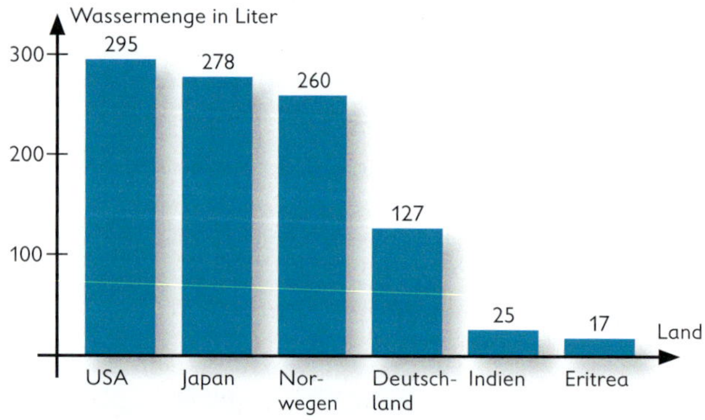

Haushalte in reichen Ländern der Welt sind an ein Wasserversorgungs- und Entsorgungsnetz angeschlossen. Sie verbrauchen bis zehnmal so viel Wasser wie Haushalte in armen Ländern. Laut Aussage der Vereinten Nationen braucht eine Person täglich 50 Liter Wasser: zum Trinken, zum Kochen und für den hygienischen Bedarf. Nur so kann sie die eigene Leistungsfähigkeit erhalten und Krankheiten vermeiden.

In Deutschland sind alle Haushalte mit sauberem Trinkwasser versorgt. Das Wassernetz umfasst 450 000 km Leitungen. Etwa 6 700 Unternehmen gewinnen Wasser aus Grund-, Quell- und Oberflächenwasser, bereiten es auf, speichern und verteilen es. Wie viel wertvolle Mineralstoffe und Salze Wasser enthält, hängt davon ab, wo und wie man es gewinnt. Trinkwasser wird streng auf Schadstoffe kontrolliert.

Trink- und Abwassersituation bei uns und in anderen Ländern besprechen

S. 7

Süßwasser auf der Erde

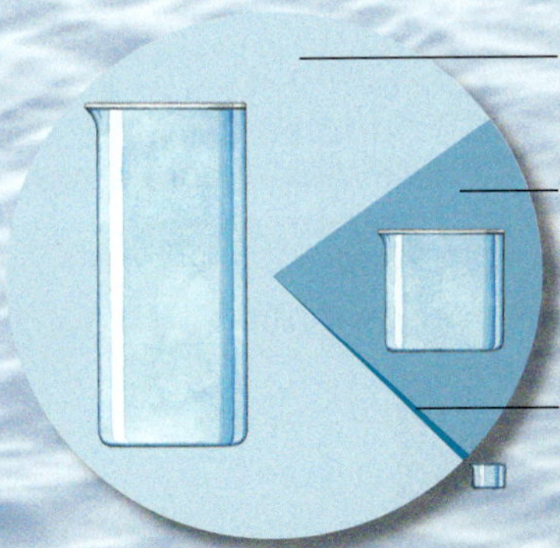

Den größten Anteil bilden Gletscher und Grundwasser. Das Süßwasser könnte für alle Menschen reichen.

Trinkwasserversorgung in Afrika

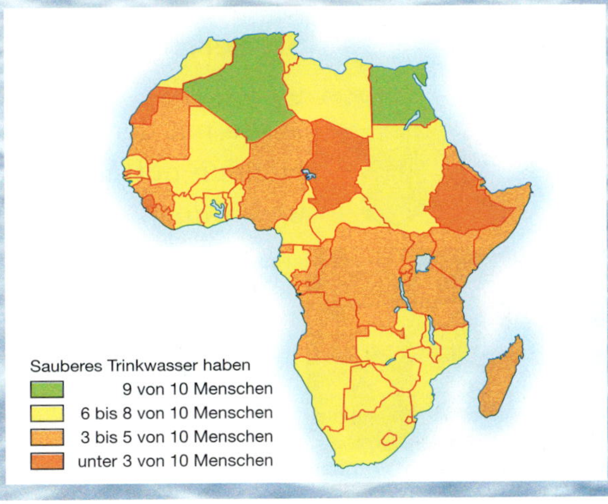

2 Fertigt zum Thema einen Wandfries an. Sucht oder malt Bilder und Texte.

Für das Mädchen Xetsa aus Benin ist Wasser etwas sehr Kostbares. In ihrem Dorf gibt es jetzt einen Brunnen.
Früher lief sie täglich fünf Kilometer zur Wasserstelle. Das braune Wasser roch faulig, oft wurde jemand krank. Nun erhält jeder zehn Liter klares Wasser am Tag.
Xetsa hat viel mehr Zeit, sie kann nun die Schule besuchen. Die Familien bauen Hirse und Gemüse an.
Niemand im Dorf muss mehr hungern.

Sinta, Dian, Iljo und Aini leben in Indonesien. Die Kinder stochern in dem stinkenden Abwasser, das in offenen Kanälen durch ihre Armensiedlung fließt. Da schwimmt Bonbonpapier, ein Hühnerknochen und sogar Kot. Die Kinder lachen, aber es ist ernst:
Nur 8 von 450 Städten im Land haben eine zentrale Abwasserreinigung. Die Weltgesundheitsorganisation schätzt: Weltweit stirbt alle 20 Sekunden ein Kind, weil es schmutziges Wasser getrunken hat und krank wurde.

Trink- und Abwassersituation bei uns und in anderen Ländern besprechen

S. 7

Stoffgemische trennen

1 Probiere aus und erkläre. Suche selbst noch Beispiele aus dem Alltag.

Sortieren
größere feste Stoffe mit den Händen aufteilen und ordnen

Sieben
ungleich große Stoffe mit Hilfe eines Siebs trennen

Sedimentieren
im Wasser nicht lösliche Stoffe zu Boden sinken (absetzen) lassen

Dekantieren
überstehende Flüssigkeit vorsichtig über die Kante abkippen

Filtrieren
in Wasser befindliche Stoffe mit kleinporigen Filtern auffangen

Destillieren
Salzlösung erhitzen, Wasser verdampfen lassen, Salz auffangen

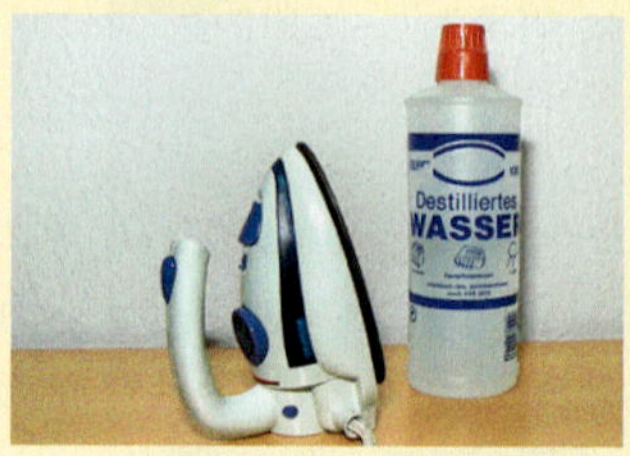

So wird destilliertes Wasser genutzt.

Stoffgemische durch verschiedene Verfahren trennen und beschreiben; Wasser als Lösungsmittel einsetzen; Alltagsbezug herstellen

AH S. 52

Ein Schema zeichnen

Betrachte in diesem Buch zwei Schemata, die Vorgänge darstellen: „Woher kommt das Trinkwasser?“ (Seiten 120, 121) und „Wohin fließt das Abwasser?“ (Seiten 122, 123).
Sie zeigen: Ein Schema stellt in einer einfachen Zeichnung nur das Wichtigste dar. Schemata helfen dir, Vorgänge, komplizierte Objekte oder Zusammenhänge leichter zu verstehen oder auch selbst vereinfacht darzustellen.

Mit einem solchen Schema kannst du darstellen, wer zu deiner Familie gehört. Zugleich zeigst du, wer die älteren und wer die jungen Familienmitglieder sind.

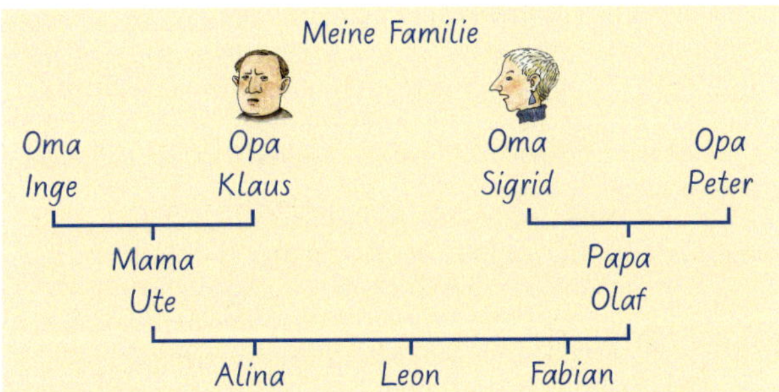

Dieses Schema zeigt, welche „Bauteile“ alle Blüten von Blütenpflanzen haben. Du erkennst auch sofort, wie die Teile angeordnet sind.

Ein Schema zeichnen

- Plane dazu vorab:
  - Was genau will ich darstellen?
  - Welche Überschrift wähle ich?
  - Wo finde ich Informationen?
  - Welche wichtigen Informationen will ich wiedergeben?
  - Was brauche ich zum Zeichnen?
  - Wie führe ich die Zeichnung aus?
- Zeichne einfache, übersichtliche Formen und klare Farben.
- Beschrifte mit Wörtern oder mit kurzen Texten.

So stellst du die lange Anleitung des Wegweisers als übersichtliches Schema dar.

Thema finden
↓
Überschrift schreiben
↓
Informationen suchen
↓
Wichtiges aufschreiben
↓
Material bereitlegen
↓
Schema zeichnen

1 Erstelle ein Schema zu einem selbst gewählten Thema. Schreibe darunter, wie du vorgegangen bist.

Bildquellen

5 Collage unter Verwendung von Schülerarbeiten der Stephan-Lochner-Schule Köln; Fotos: Barbara Sengelhoff, Köln; **10** RIA „Nowosti“ (1); ullstein-bild, Berlin/Vario-Press (2); **13** picture-alliance/OKAPIA/J-L. Klein & M-L. Hubert; **14** picture-alliance/OKAPIA/Hans Reinhard (1); Harald Lange NaturBild, Bad Lausick (2); Peter Wirtz, Dormagen (3); **15** Juniors (1); Harald Lange NaturBild, Bad Lausick (2, 4); IFA-Bilderteam, München/Elfner (3); **18** G. Rößler (1); Hans Blümel (2); Reinhard-Tierfoto, Heiligkreuzsteinach (Hans Reinhard) (3); **19** Hans E. Laux, Biberbach a.d. Riß (1, 4); Cornelsen Verlagsarchiv (2); Reinhard, Heiligkreuzsteinach (3); **20** Arco Images/NPL (1); Willi Schmitz/iStockphoto.com (2); Wikipedia/Olaf Leillinger (3); **21** picture-alliance/KPA/Gerken & Ernst (1); picture-alliance/OKAPIA/RainerErl (2); **22** Günter Rieger, Karve; **24** Horst Theuerkauf, Gotha (1); Peter Wirtz, Dormagen (2); **27** picture-alliance/dpaZB/Peter Endig; **31** Stockfood München; **32** Cornelsen Verlagsarchiv (Piktogramm); picture-alliance/dpa/epa AFP archiv (2); Caro Fotoagentur/Stefan Trappe, Berlin (3); **33** Cornelsen Verlagsarchiv (Piktogramm); Wolfgang Gressmann (2); laif, Köln (3); Geert van Kesteren/Agentur Focus, Hamburg (4); **34** www.infozentrum-schoko.de; **35** Cornelsen Verlagsarchiv (Piktogramm); **37** Peter Wirtz, Dormagen; **40** Cornelsen Verlagsarchiv; **41** akg-images, Berlin (1); Rainer Weisflog (2); **42** Knopfe, M., Freiberg (1); Cornelsen Experimenta (2); Johannes Jung (3); Fotofinder/artvertise fotodesign (4); Cornelsen Verlagsarchiv (5); **43** picture-alliance/KPA/The British Museum (1); picture-alliance/ASA/Dixgallery (2); **45** Peter Wirtz, Dormagen (1); Howard Oates/iStockphoto.com (2); alohaspirit/iStockphoto.com (3); slobo/iStockphoto.com (4); Cornelsen Verlagsarchiv (5); tirc83/iStockphoto.com (6); Nikola Bilic/iStockphoto.com (7); YinYang/iStockphoto.com (8); **46** Peter Wirtz, Dormagen; **47** Gerhard Medoch, Berlin; **48** Saskia Klemm, Berlin; **50** Plakat: Deutsche Krebshilfe e.V., Bonn; **52** Cornelsen Verlagsarchiv; **56/57** „Foto Lennarty Nilsson/Bonnier Alba AB, SO KAMST DU AUF DIE WELT. Mosaik-Verlag“, Stockholm; **58** A1PIX/OPN; **60** Berliner Feuerwehr/Pressestelle (1, 4); Caro Fotoagentur/Andreas Teich (2); Arbeitersamariterbund, Bonn (3); Alien65/Wikipedia.de (5); **62** Cornelsen Verlagsarchiv; **63** Rainer J. Fischer, Berlin; **66** Rainer J. Fischer, Berlin (1); Cornelsen Verlagsarchiv (2, 4); Architektur-Bilderservice Kandula, Witten (3); **67** Blickwinkel, Witten/M. Popow (1); Gerhard Medoch, Berlin (2); Cornelsen Verlagsarchiv (3); **68** Rainer J. Fischer, Berlin (1); Picture-Alliance/Tagesspiegel/THILO RÜCKEIS TSP (2); ullstein-bild, Berlin/C. T. Fotostudio (3); akg-images, Berlin (4); Pressedienst Paul Glaser, Berlin; **69** Andreas Weber/iStockphoto (1); SMB Berlin/Presse/Gert Monath (2); picture-alliance/ZB/euroluftbild.de (3); Werner Otto, Oberhausen (4); KamikazeKatze/Fotolia.com (5); **70** CARO, Berlin/Düselder (1); Rainer J. Fischer, Berlin (2); **71** Deutsches Historisches Museum, Berlin (1, 4); Cornelsen Verlagsarchiv (2); Rainer J. Fischer, Berlin (3); **72** mauritius images/imagebroker/Christoph Becker (1); Puppentheater Berlin/Bettina Morgenroth (2); David Ausserhofer, Wandlitz (3); **73** Dokumentation fotographique, Held. U. (1–4); Rainer J. Fischer, Berlin (5–7); **75** picture-alliance/Berlin Picture Gate/Engelmann (1); picture-alliance/ZB/Jens Kalaene (2); Andreas Muhs/OSTKREUZ (3); picture-alliance/dpa/Fotoreport (4); **76** Collage: Gerhard Medoch, Berlin; **77** Collage: Gerhard Medoch, Berlin; **78** Barbara Wilhelm, Berlin (1); action press (2); picture-alliance/ZB/Jens Kalaene (3); Cornelsen Verlagsarchiv (4); **79** Wolfgang Filser, Augsburg (1); EddWestmacott/iStockphoto.com (2); picture-alliance/dpa/Koch (3); **80** Jürgen Junker-Rösch (1); Verlag Heinrich Vogel GmbH (2); Peter Wirtz, Dormagen (3–4); **81** Peter Wirtz, Dormagen; **82** Cornelsen Verlagsarchiv (1–3, 5–6); Barbara Wilhelm, Berlin (4, 7); **83** Peter Wirtz, Dormagen; **84** Barbara Wilhelm, Berlin (1–4, 6); www.radarforum.de (5); Marek Lange, Berlin (7); **85** Marek Lange, Berlin (1); Peter Wirtz, Dormagen (2–3); **87** Gerhard Medoch, Berlin; **88** gettyimages, Berlin/Bongarts; **89** akg-images/Jan Meyer (1); Carmen Martínez Banús/iStockphoto.com (2); picture-alliance/ZB-Fotoreport/Pleul (3); **90** Nicole Ottawa & Oliver Meckes/eye of science, Reutlingen (1); EMB-Service für Verleger, Luzern (2); **91** The M.C. Escher Company B.V. „Tag und Nacht, 1938“, Baarn, Holland. All rights reserved. (1); **92** Steffen Weidinger, Berlin; **93** Steffen Weidinger, Berlin (1–2); Peter Wirtz, Dormagen (3); **94** akg-images, Berlin; **95** picture alliance/OKAPIA KG/Birke; Gerhard Medoch, Berlin; **98** Cornelsen Verlagsarchiv (1); Prenzel, Gröbenzell (2); R. Förster (3): Frank Krahmer (4–5); **99** Stefan Wagner, Berlin (1); Christine M. Kaiser, Königslutter am Elm (2); Wikimedia/GNU/Frank Vincentz (3); Friedrich-Schiller-Universität Jena (4); **100** ZB/Fotoreport/Endig (1); LUGV, Isabell Hiekel (2); picture alliance/dpa/Frank Rumpenhorst (3); **101** picture-alliance/OKAPIA/Büttner/Naturbild; **102** vario-press, Bonn/Oed (1); f1online/Frankfurt am Main/Asperger (2); Blickwinkel, Witten/Blumenstein (3); argos, Hamburg/Labhardt (4); **103** Peter Wirtz, Dormagen (1); privat (2); **105** BildART Volker Döring, Hohen Neuendorf; **106** Farmpictures/Theo Haslbeck, Geiselköring (1); Sabine Koriath/pixelio.de (2); Kirsten Pauli, Berlin (3); **108** Tobias Schneider, Berlin (1); akg-images, Berlin (2); Cornelsen Verlagsarchiv (3–4); privat (5); **109** Cover: Erich Kästner, Emil und die Detektive. C. Dressler Verlag, Hamburg/© Atrium Verlag, Zürich (1); Cornelsen Verlagsarchiv (2); Bildart Volker Döring, Hohen Neuendorf (3); Reinhard Dressler, Ochsenfurt (4); **110** Cornelsen Verlagsarchiv; **111** akg-images, Berlin (1); Cornelsen Verlagsarchiv (2); **112** bildarchiv preußischer kulturbesitz, Berlin (1); syagci/iStockphoto,com. (2); **113** Veit Sturm, Augsburg (1); ullstein-bild/Granger Collection (2); **114** Cornelsen Verlagsarchiv; **115** Peter Wirtz, Dormagen; **116** Bureau Artistique, Dortmund (1); Marek Lange, Berlin (2); **117** ullstein-bild (1); Grundschule Nordholz (2); **118** OKAPIA/NAS/Jim Steinberg (1), Cornelsen Verlagsarchiv (2–4); **119** Berliner Wasserbetriebe; **120** Berliner Wasserbetriebe; **121** Berliner Wasserbetriebe (1–2); Freelens Pool/Kirsten Neumann (3); **122** Berliner Wasserbetriebe (1, 3); BildART Volker Döring, Hohen Neuendorf (2); **123** Berliner Wasserbetriebe (1–2); artvertise, Gütersloh (3); **124/125** Cornelsen Verlagsarchiv; **124** Cornelsen Verlagsarchiv (1); Jürgen Junker-Rösch, Berlin (2); **125** Vereinigte Evangelische Mission, Wuppertal/Andreas Sprinz (1); picture-alliance/dpa/Christiane Oelrich (2); **126** Helga Golz, Zühlsdorf (1); picture-alliance/Arco Images GmbH/O. Dietz (2); Steffen Weidinger, Berlin (3–6)

Karten, wenn nicht anders ausgewiesen: Peter Kast, Ingenieurbüro für Kartografie, Wismar